多くの人に、感動と、元気と、勇気と、笑顔を！

モノづくり・発明家の仕事

発明・アイデアを「現金化」

一般社団法人 発明学会 会長　東京発明学校 校長　**中本繁実**

日本地域社会研究所　　コミュニティ・ブックス

日本で一つしかない、オリジナルの作品をつくる！
心も、ふところも、夢も大きくする！
「1、000に3つ（0・3％）」に、かける夢！
考える楽しさに加え、
「脳（のう）」に、心地よい刺激を与える！

な

★特許、発明・アイデア、……、のイメージ

突然ですが、特許、発明・アイデア、……、のイメージを聞いてもいいですか、……。

モノづくり・発明家の仕事とは、どんな仕事だと思いますか、……。

むずかしくて、自分には、関係ない世界だ！……、と思っていますか。

じつは、発明品は、オリジナルの製品です。だから、仕事の営業がしやすいです。

人生を変える、14、000円（特許印紙代）。知っている人は、始めています。

特許は、独占権がとれます。競合品がありません。

飽きられないように、「生産調整」もできます。だから、長年、価格を下げなくていいので収入も安定します。

また、人は、わがままです。○○の作品、人気があるから、といって、量産をすれば、すぐに飽きられます。

そうです。余計なこと、心配しなくていいのです。

当社は、いつも、新しい製品を開発しています。……、と営業トークに使えます。

……、今日から、いや、いまから、発明・アイデアを、形「製品」に結びつけて、「現金化」する楽しさを、一緒に学びませんか。おつきあい、いただけませんか。

先生は、言葉遊び（ダジャレ）が大好きな、私、中本繁実です。

★発明・アイデアの「現金化」を実現するために、スタート時点で、お願いしたいこと！

知識をふやすために、学ぶことです。その結果、○○の作品を「現金化」、間違いなしです。

発明・アイデアの創作活動は、１人だけでやってはいけません。方法を間違って、遠回りをしてしまうことが多いからです。そこで、スタート時点で、お願いがあります。

その一番の理由は、製品化率です。**１、０００に３つ**（０・３％）です。

それを**１００に３つ**にしていただきたいことです。

□**一つめ**は、得意な分野の知識です。知識をふやすために、さらに、深く、学ぶことです。

□**二つめ**は、作品の完成度を高めるために、物品の形状、構造（しくみ）を磨くのです。輝かせるのです。

□**三つめ**は、創作した作品をムダにしないように、「情報」をたくさん集めることです。

ここで、大切になるのが、作品に関連した「情報」です。

先行技術（先願）の「情報」は、特許庁のウェブサイト「**特許情報プラットフォーム（J-PlatPat）**」で、集められます。また、あなたの応援団である、家族、友人、他の人（第三者）の意見を聞いたりして、作品に関連した視野を広げることも大切です。

簡単にできそうな内容でしょう。これで、○○の作品は、製品化とロイヤリティ（特許の実施料）に結びつくのです。「現金化」して、多くの人に喜んでいただきましょう。

まえがき

私は、長年、町（個人）の発明家に、小さな思いつきを、特許「技術（機能）的な発明」などを知的財産権に結びつける方法、○○の作品、「現金化」する方法を、やさしく、わかりやすく、教えています。

本書は、町（個人）の発明家から要望が多い、○○の作品を形「製品」に結びつけて、「現金化」する方法、「特許願」の「明細書」のまとめ方に力を入れて、まとめました。

いつも、多くの人と接しています。その中で、とても嬉しいことがあります。町（個人）の発明家は、いつも、元気でイキイキしていることです。発明家の年齢は、実際の年齢の10〜15％くらい若くみえます。

だけど、私には、少し不満があります。

それは、素晴らしい作品の製品化率が、低いことです。○○の作品が形「製品」に結びつくための、何かが足りないのです。だから、**1、000に3つ（0・3%）**です。

長年、教えているうちに、その理由がわかりました。


たとえば、少し考えただけで、○○の作品は、形「製品」に結びつきそうだ！　と、いった心理が町（個人）の発明家の心の奥にひそんでいるからです。

その考え方は、決して間違ってはいませんよ。だけど、その心理が大きなブレーキをかけています。

だから、多くの素晴らしい作品が、形「製品」に結びついていないのです。

それは、コロンブスの卵と同じで、それくらいのことなら自分にもできると思っているからです。

人のやったあとから、同じような作品を考えているからです。

先輩が、○○の作品を形「製品」に結びつけるまでには、**なみたいていの**ことではなかった、と思います。

時間もかかったし、**試行錯誤も**したでしょう。
とうぜん、**努力も**した、と思います。

そのことがわかるようになると、心はガラリと変わると思います。

安易な心理がふっとんでしまいます。

そして、未知の世界を探し求めて、努力と行動力がでます。利害をこえて、他の人（第三者）のためになる作品を、はりきって考えるようになるでしょう。


このようなプロセスをへて、人がみがかれていくのです。欲から入った町（個人）の発明家が、損得を無視して、ひたすら、世のため、人のためになる作品を考えるようになるのです。

利己から利他へ、少しオーバーな表現です。だけど、そこに、人生の醍醐味を感じます。

そうなったとき、世間は捨ててはいませんよ。

結果として、〇〇の作品を、形「製品」に結びつけていただける会社が集まってきます。
思ってもいなかった好条件で、形「製品」に結びつけていただける可能性もあります。
あるいは、作品が形「製品」に結びつかなくて、その人が買われて、幸運のチャンスをつかむこともできるかもしれないのです。
〇〇の作品が形「製品」に結びついた多くの町（個人）の発明家が、このようなプロセスをふんでいます。

だから、同じように、この道を歩けば、あなたの〇〇の作品は、形「製品」に結びつくでしょう。**発明・アイデアの「現金化」**を実現させて、一緒にお祝いをしましょう。

楽しみにしています。

令和5年4月

中本繁実

もくじ

第2章
○○の作品が形「製品」に結びつく「情報」は、「インターネット」と

第3章

○○の作品は、新しさ「新規性」があるか、「特許情報プラットフォーム（J-PlatPat）」で体験ができる …… 87

第4章　これで、ひと安心、「特許願」の「明細書」が自分の力で書ける

［第１章の前に］

あなたの発明・アイデアの「現金化」を実現させて、多くの人に感動と、元気と、勇気と、笑顔を！

■「発明・アイデアの種（タネ）」

ただやみくもに、発明・アイデアを考えるだけでは、○○の作品は、形「製品」に結びつきません。発明・アイデアの「現金化」は、実現しません。

そこで、やっていただきたいことがあります。

量販店や専門店、ホームセンターなどで、気になる製品のチェックをすることです。

▽《人気があるモノ、気になっているモノ》

その中で、**人気があるモノ、気になっているモノ**を一つあげるのです。

□○○は、主に誰が買って、使っているのか（!?）

□○○の製品は、なぜ、人気があるのか（!?）

考えられる理由を、思いつくまま書いてみるのです。

そのとき、どのようなことが考えられるか、できるだけ多くの理由をあげるのです。

▽《人気の理由》

今度は、その「**人気の理由**」をあなたの発明・アイデアに活かしていただきたいのです。

その程度なら、自分にもできそうだ！　……、という直感を大切にしてください。

○○の作品を形「製品」に結びつける展開の切り口になります。

たとえば、歌手をめざしている人なら、小さいころから、周りを驚かせるほど、うまかった！

……、と思います。

中学生、高校生になり、カラオケで歌うと、お友達は、ビックリしたでしょう。

そうでなければ、普通は、歌手をめざそうなんて、考えないでしょう。

これは、料理の世界でも、スポーツの世界でも、同じです。

町（個人）の発明家の中に、無理、無理、……、それは、できない。

……、という人がいたら、テーマ「科目」の選び方を、もう一度、考えなおしましょう。

へぇ〜、それは、面白い。……、それで、それで、……、と、話に夢中になっていただけたら、作品が素晴らしいのです

それでは、作品が形「製品」に結びつく、「発明・アイデアの種（タネ）」、いま、一緒にまきましょう。

そして、それを大切に、自分の力で、育てましょう。

○○の作品は、「現金化」できますよ。

■「モノづくり・発明家の仕事」の内容

ここに紹介している項目は、「モノづくり・発明家の仕事」の内容です。

○○の作品を形「製品」に結びつけるために、それを「現金化」するために、ぜひ、実行していただきたい内容です。

そして、最初に、確認させていただきたい内容です。よろしくお願いいたします。

□にレ点☑をつけてください。

(ア) いま、チャレンジしているテーマ「科目」は、□好き(得意)。□嫌い(不得意)。

(イ) ○○の作品は、世の中の人の、□役に立つ。□役に立たない。

□にレ点☑をつけてください。

□チェック・○○の作品が、形「製品」に結びつくポイントは、ここだ!

(1) マスコミ(テレビ、新聞など)で「○○さんは、○○の作品で、1億円儲けました。……」と、いった話が紹介されると、

□ 自分でも、○○の作品を便利なものに、改良したい、と思います。

（2）便利なアイデア商品を使ってみて、

□ 自分でも、工夫して、手作りで、試作品を作ってみたい、と思います。

（3）工夫すること、改良することが、好きで、

□ 思いついたことは、ノート、手帳にメモをとって、まとめています。

（4）選んだ作品のテーマ「科目」は、

□ 経験も、知識も、豊富で、得意なテーマ「科目」を選んでいます。

（5）ムダな出願をしないために、先行技術（先願）の「情報」は、

□「情報」は、「特許情報プラットフォーム（J-PlatPat）」で、調べています。

（6）売れている商品の「情報」は、

□ インターネットで調べて、作品に関連した「情報」を集めています。

（7）「売り込み（プレゼン）」をしたい、「目標」の第一志望、第二志望の会社は、

□ ○○会社に、決めています。得意な分野を確認しています。

（8）会社のホームページは、みましたか（!?）

□ 会社の事業の内容を確認して、「傾向と対策」を練りました。
機能的な部分を追及する会社か、デザインを重視する会社か、調べました。

(9)○○の作品、手づくりで、「試作品」は、作れますか(!?)

□手づくりで、「試作品」を作れる作品をテーマ「科目」に選びました。

(10)手づくりで、「試作品」を作りましたか(!?)

□作品の大きさ(寸法)を決めて、図面(説明図)を描いて、自分で作りました。

(11)「試作品」、使いやすいか、テスト(実験)の結果は、

□「◎○△×」を付けて、不便なところを確認して、さらに、改良しました。

(12)手づくりの「試作品」を自分の家で使っていますか(!?)

□創作した作品の「試作品」を使って、日々の生活を楽しんでいます。

(13)信頼して発明・アイデアの相談ができる人は、

□います。いつも、最初に、家族、友人に相談しています。

(14)「特許願」の出願の書類を書くのは、

□「自分で書ける」、「書き方は、やさしい」と思っています。

(15)「特許願」の費用(特許印紙代)は、

□14、000円だ、と知っています。

全部に、レ点☑がついた人は、あなたの○○の作品が、形「製品」に結びつく日は近いでしょう。「現金化」できますよ。

■発明・アイデアをまとめるための行動

□（1）専門店、量販店、ホームセンターなどに行く。
□（2）テレビ、雑誌などで、話題になっているお店に食べに行く。
□（3）イベント会場に行って、みて、体験をする（子ども、孫と一緒でもいい）。
□（4）雑誌、テレビ、インターネットに、関心を持って、みたり、聴いたりしている。
□（5）学園祭に行く（その時期に）。
□（6）テレビのCM、雑誌、新聞の広告、車内の広告、店頭のポスターなどを見る。
□（7）特徴的な（話題になっている）お店に行く。
□（8）スーパー、コンビニなどの商品、お店を観察する。
□（9）ヒット商品、発想法に関する本、雑誌、新聞を読む。
□（10）見本市、物産展に行く。

■―発明・アイデア成功十訓―

一．発明・アイデアは、慾から入って、慾からはなれたころ、成功する
二．悪い案もでない人に、良い案は生まれない、まず、悪い案でもいいから、たくさん出せ
三．一つ考えた人は、考えなかった人より、一つ頭が良くなる
四．頭、手、足を使っても、お金は使うな
五．発明・アイデアのテーマ「科目」は、自分でテスト（実験）ができるものの中から選べ
六．くそっと思ったら、金の卵がある
七．半歩前進、ちょっとひねれ、それが成功のもと
八．他の人（第三者）の発明・アイデアに感動する心を養え次に、私ならこうする。……、と考えよ
九．出願の書類の文章は、自分で書け。それが、次の発明・アイデアを引き出す
十．発明・アイデアの「売り込み（プレゼン）」は、発明・アイデアを創作したエネルギーの二倍使え

【第1章】

ムリをしなくてもいい、あなたにふさわしい作品を「現金化」できるテーマ「科目」がある！

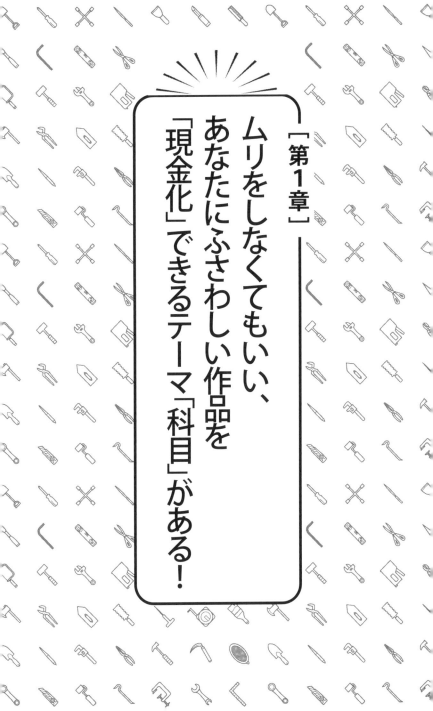

1．○○からヒントが借りられないか、と考える方法

新しい作品「製品」を考えるとき、○○からヒントが借りられないか（!?）……、と考える方法があります。

それは、その「課題（問題）」と似たものから、○○のヒントを借りてくる方法です。

発明1年生の人が新しい作品「製品」を考えるとき、よく活用している考え方です。

たとえば、雑談中に、「○○のそのヒントいただき、……」とよく聞くと思いますが、それと同じです。

□「**洋酒と氷**」から「**日本酒、焼酎のオンザロック**」

具体的には、「洋酒のオンザロック」からヒントをいただいたのが、「日本酒のオンザロック、焼酎のオンザロック」です。

□「**自転車のスタンド**」から「**スタンドを付けたまな板**」

「自転車のスタンド」から、ヒントをいただいたのが、「**スタンドを付けたまな板**」です。

このように、いろいろなものを観察してください。

日常の生活の中で、何でも、借用できるように「能力」を養っておきましょう。

そして、「課題（問題）」を解決するためのヒントにすればいいのです。

ただし、先輩の作品、○○の考え方をヒントにするときは、相手に迷惑をかけないように心掛けてください。……、お願いいたします。

●「吸着盤」、「両面テープ」を「マグネット」に

いままで、台所の製品といえば、その容器などを取り付けるために、多くの製品が「**吸着盤**」、「**両面テープ**」を使っていました。……、理由があります。それは、価格が安いからです。

ところが、「欠点」があります。

「**吸着盤**」の「欠点」は、取り付ける場所が、きれいでないと、はずれて落下してしまう、ことです。

また、長い時間使っていると、空気が入って突然落下してしまう、こともあります。

「**両面テープ**」の「欠点」は、容器などを取り付ける場所が限定されることです。

それでも、安価で、手軽だ、ということもあってやむをえず買って使っています。

最近の、たとえば、「台所」をみてください。

冷蔵庫の大型化、炊飯器などをのせる金属製の家具だとか、電子レンジなどの普及で「**マグネット**」が使える場所が増えました。

◆「マグネット（ゴム磁石）」を付けた「ブックホルダー」

【説明図】　**ゴム磁石を付けた「ブックホルダー」**

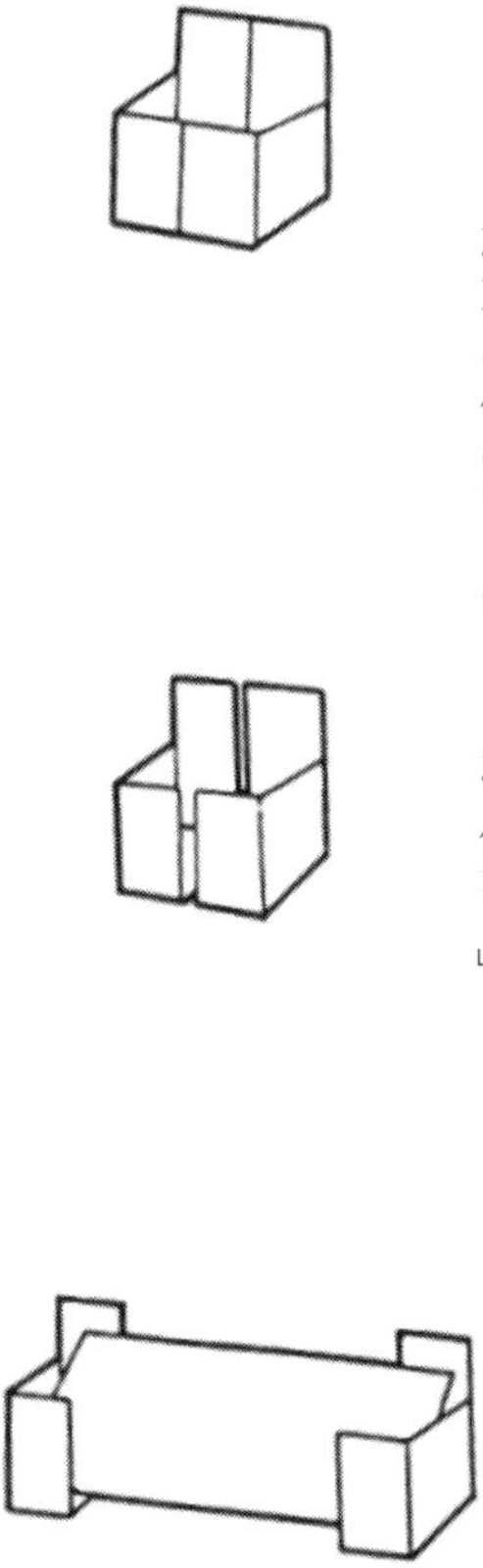

▽「**マグネット**」の価格は、少々高いです。それでも、容器の裏面にゴム磁石を付けたマスの形の容器などが販売され、よく売れています。

でも、マスの形の容器には、「欠点」があります。……、このマスの大きさより幅が広いものは、容器に入らないことです。その点に、着目したのです。

● 「ブックエンド」がヒントになった、ゴム磁石を付けた「ブックホルダー」

そこで、たとえば、雑誌、料理カードの大きさに自在に対応できるように、容器をタテに切って、2つに分けました。そして、「ブックエンド」のように、フリーサイズにしたのです。

2つに分割すると、幅の広いものは、分けられた2つのマスの間隔を開けることによって、幅が広いものでも入れられます。

また、もっと細かく切れ目を入れると、どんな大きさのものにも使えます。

便利です。だから、料理のレシピ、料理の参考書を使っている人に喜ばれそうな作品です。

2. 最初は、60点、70点の○○の作品をめざそう

Q. 先生、どうすれば、形「製品」に結びつく、深みのある、作品は生まれますか（!?）

教えてください。

A．ポイントは、豊富な経験や知識、得意な分野の技術です。

その中から、発明・アイデアのテーマ「科目」を選ぶことです。

答えは、簡単にみつかります。○○の作品は、形「製品」に結びつきますよ。

●最初から、100点満点の作品を望まなければ大丈夫

発明・アイデアの勉強をはじめて、6カ月、1年たつのに、……、先生、まだ、○○の作品が形「製品」に結びついていません。……、となげく町（個人）の発明家がいます。

それは、なぜでしょうか（!?）

町（個人）の発明家は、考えることには、力を入れます。ところが、「売り込み（プレゼン）」には、時間とエネルギーを使わないのです。町（個人）の発明家特有の気質によるものです。

さらに、形「製品」に結びつける「目標」の第一志望、第二志望の会社を決めていません。

○○の作品が飛び抜けたもので、しかも、すぐに、形「製品」に結びつく作品なら、何も、問題はありません。……、○○の作品を数人の会社の社長さんにみていただければ、形「製品」

に結びつくでしょう。

▽《最初は、60点か、70点でいい》

最初から、100点満点の作品を望んでも、それは、むずかしいです。それは、ムリです。

気持ちはよくわかります。でも、良くて、70点です。

私（中本）は、いままで、何万件と作品の相談を受けてきました。

私（中本）の基準で採点すると、多くの作品が、60～65点です。それが、普通です。

だから、1人、2人の会社の社長さんにみていただいて、すぐに、形「製品」に結びつけましょう。……、「YES」といっていただくのはむずかしいです。

少なくとも、10人、15人の会社の社長さんにみていただきましょう。「売り込み（プレゼン）」をしたい会社の事業の内容を調べてください。「傾向と対策」を練ることです。

ここは、大事なところです。すると、気に入っていただける会社の社長さんに出会えます。

●会社の社長さんの、個性もまちまち

町（個人）の発明家の作品を形「製品」に結びつけていただける会社の社長さんは、個性的な人が多いです。

しかも、製品は、多様化しています。自分では、80点以上です。……、と思っていても、会社の社長さんの採点は、65点でした。

あるいは、自分では、○○の作品は、60点くらいかなあー、と思っていても、会社の社長さんの中には、○○の作品の一部分が気に入って、心を動かして、いただける人もいます。

しかし、相当気に入っていただけた、としても、採用して、形「製品」に結びつけるとなると、相当額の開発費用が必要です。……、すると、会社の社長さんも、すぐに、採用に踏み切れない。……、というのが実情のようです。

そこで、なるほど、といっていただける「情報」をたくさん集めることです。そして、提案するのです。

一般的に、早く形「製品」に結びつくポイントは、次のようなことがいわれています。

〔ここが、チェックのポイント〕

□①売れすじ商品、人気商品に関連した作品を考えることです。

まったく新しい作品より、少し改良した作品のほうが簡単です。

□②流通のしくみを知り、専門メーカーをねらうといいでしょう。

□③物品が機能的で、実用性だけでは、製品は売れません。
□④「K・かわいい」、「K・簡単」、「K・買いやすい」の、「3K」がそろった製品が売れます。

3．いま、あなたの○○の作品の実力は

あなたの**豊富な経験や知識、得意な分野の技術**は、いろいろな場面で活躍します。

さらに、いいことは、その「**情報**」に、説得力があります。

ここで、突然ですが、質問をさせてください。

私（中本）が、ここで、確認させていただきたいことがあります。

あなたの○○の作品とお母さんがつくった料理「カレー」の実力です。レベルです。

どうでしょう。

では、あなたの○○の作品を料理「カレー」にたとえてみましょう。

●「カレーライス」のレシピ（作り方）

◆【道具一覧】
□鍋、□おたま、□包丁、□まな板、□ピーラー、□ボウル、□ざる、□計量スプーン、□計量カップ、□菜箸

◆【材料（4〜6人分）】
□豚こま肉　250g　□じゃがいも　1〜2個　□にんじん　1本
□玉ねぎ　1〜2個　□サラダ油（適量）　□水　800cc（mℓ）
□カレールー　半分（115g）

◆【隠し味（お好みで）】
ウスターソース、ケチャップ、はちみつ、ヨーグルトなど。

◆【準備】
□①じゃがいも、にんじんを洗います。
□②ピーラーで、じゃがいもは、皮をむき、芽をとり除いて、水にさらしておきます。
□③ピーラーで、にんじんの皮をむきます。

□④玉ねぎは、包丁で頭と根の部分を切り落とし、皮をむいて洗います。
□⑤じゃがいもは、半分に切ってから、一口大に切ります。
□⑥にんじんは、１㎝幅のイチョウ切りにします。
□⑦玉ねぎは、薄切りにします。

◆【手順】
□①鍋にサラダ油をひいたら、中火でサラダ油を熱し肉を炒めます。
□②野菜を入れ、焦がさないように炒めます。
□③水を加え、沸騰させます。
□④あくを取ったら、約15～20分、中火で煮込みます。
□⑤火を止めます。カレールーを溶かしながら入れます。
□⑥お好みで、隠し味を入れます。
□⑦再び火をつけます。弱火で、とろみがつくまで煮込みます。
　これで、完成です。

ここに、「小学生」、「中学生」、「高校生」、「お母さん」がいます。同じ新鮮な食材を使って、

4人に、料理「カレー」をつくっていただきました。レシピ（作り方）は、同じです。

●**誰がつくった料理「カレー」を食べたいですか（!?）**

ここで、質問です。誰がつくった料理「カレー」を食べたいですか。……、聞いてみましょう。……、少し考えます。そして、多くの人が、「お母さん」と答えます。

料理は、誰でもつくれます。発明・アイデアも、誰でもできます。

料理が好きな人は、大好きな人に、美味しい料理を食べていただきたいと思います。

それで、料理を上手につくりたくて、レシピの研究をします。そして、うまくできて、笑顔になります。その中で、プロの料理人をめざす人は、さらに、研究を続けています。

▽**《完成度を比べていただきたい》**

では、いま、あなたが夢中になっている○○の作品と「お母さん」がつくった料理「カレー」の完成度を比べていただきたいのです。

わかりますよね。「**お母さん**」と答えるでしょう。それが、実力です。

「小学生」、「中学生」、「高校生」は、「お母さん」のように、上手になりたい。……、と思います。それで、もっと練習をします。そして、実力をつけます。

では、ここで、あなたの作品にもどります。応援してくれる人は、どうですか。

ここで、あらためて、私（中本）から、あなたの作品について、質問をさせてください。

チャレンジしているテーマ「科目」は、「□得意（好き）、□不得意（嫌い）」ですか。

世の中の「□役に立つ、□役に立たない」作品ですか、……、どうでしょう。

「売り込み（プレゼン）」をしたい会社は、10社、15社、決めていますか。

ここは、大事なところです。わからなければ、私（中本）が特別にご指導いたします。

4.「赤ちゃんの枕」ドーナツの形がヒント

●「私なら、○○をこうする」が、作品が形「製品」に結びつく近道

ヒット商品をみると、ウーン、上手く考えたなあー、と感心するでしょう。

あなたは、それだけ、一般の人よりは、製品をみる目がこえているからです。

だけど、それだけでは、いけません。進歩的な発明家とはいえません。

いつも、ヒット商品に感心することは、いいことです。

その次に、必ず、「**私なら、○○をこうする**」……、と、前向きに考える力が必要です。

たとえ、それが改悪案であっても、その人の「**発明力**」をのばすことになります。

……、と、私は教えています。そして、実行させています。

◆「赤ちゃんの枕」をドーナツの形にした

私は、講演のとき、多くの赤ちゃんが使っている枕「ドーナツの形にした赤ちゃんの枕」について話をします。

サラリーマンの夫婦に、カワイイ赤ちゃんが生まれました。赤ちゃんは、いつも、同じ姿勢で寝ます。6カ月後、後頭部の下がペチャンコになっていたのです。

▽**《思いついたこと》**

驚いた2人は、どうすれば、ペチャンコにならないか(!?)……、と、考えたのです。

そこで、思いついたのが枕を「ドーナツの形にした赤ちゃんの枕」です。

すぐに、大きさ（寸法）を決めて、図面（説明図）を描きました。

そして、手作りで、「試作品」を作りました。

枕を「ドーナツの形にした赤ちゃんの枕」は、「発明の効果」があるか、それを、使って試してみました。使っている状態は、自然な形でした。……、数週間後、「発明の効果」があらわれました。後頭部の形が球の表面のように、曲面になってきたのです。

ここで、「売り込み（プレゼン）」の手紙「企画書」を書いて、N社に送りました。
すると、５００万円で買っていただきました。……、と、いう実話です。

【説明図】「赤ちゃんの枕①」ドーナツの形／「赤ちゃんの枕②」うさぎの顔の形

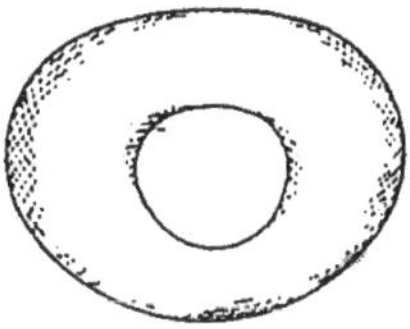

町（個人）の発明家は、赤ちゃんの枕の成功談に、みなさん、感心します。
そして、それくらいなら自分でもできそうだ！　……、と、思うのです。
▽**《私なら、○○をこうする》**
そのとき、私の話に感心はしてくれます。

でも、それについて、感心するだけでは、新しい作品は生まれてきません。

●「赤ちゃんの枕」○○の動物のカワイイ顔の形

数カ月後、「私なら、○○をこうする」、……、と考えた人がいます。

この「**ドーナツの形**」を「**カワイイ○○の動物の顔の形にしたら、赤ちゃん（親）が喜ぶだろう**」……、と、考えて、目、口を描いたのです。

このように考えるだけでもえらいのに、さらに、実際に、手を使って、作品の大きさ（寸法）を決めて、物品の形状（デザイン）の図面（説明図）を描いたのです。

すると、頭の中だけでは、とても気がつかなかったことがわかったのです。

それは、枕に鼻と口を描くところがないのです。

そこで、「ドーナツの形」の中央のくり抜いたところに、布をはって、そこに、口と鼻を描いたのです。耳も付けて、「**枕を動物のカワイイうさぎの顔の形**」にしてきたのです。

▽《**大きさ（寸法）を決めて、図面（説明図）を描く**》

「**私なら、○○をこうする**」……、と、思っただけでなく、作品の大きさ（寸法）を決めて、図面（説明図）を描いて、それを、手づくりで「試作品」を作ってみたのです。

その結果、そこに、新しい形の枕が生まれるのです。枕を動物のカワイイうさぎの顔の形にしたのは、機能的な部分がポイントの「ドーナツの形」とは、別のものになりました。物品の形状がポイントの「意匠（デザイン）」にもなります。

「ロイヤリティ（特許の実施料）」も、いただけるようになります。

ドーナツは、物品の形状が円だけに、きっと、○（マル）といってくれますね。

「やさしさ」から生まれた作品です。「**アイデアは愛である**」です。

■スグに使える、「情報」がたくさん集まる「特許情報プラットフォーム（J-PlatPat）」

みなさんが、○○の作品を創作しました。または、○○の製品（または、役務）の名前を（ネーミング、または、サービスマーク）を考えました。そのとき、出願がムダにならないように、先行技術（先願）がないか、登録になっていないか、「情報」を特許庁の「特許情報プラットフォーム（J-PlatPat）」（※）で、調べることです。初心者でも、簡単に検索ができます。ご安心ください。初心者向けに、「簡易検索」があります。

※特許情報プラットフォーム〔Japan Platform for Patent Information〕、略称（J-PlatPat）：
https://www.j-platpat.inpit.go.jp

●「乳児用の枕」の先行技術（先願）を一緒に調べよう

「特許情報プラットフォーム（J-PlatPat）」を開いてください。

「簡易検索」↓「◎特許・実用新案」の「検索のキーワードボックス」に入力します。

たとえば、「乳児　枕」、または「赤ちゃん　枕」、または「ベビー　枕」と入力します。

「検索」をクリックしてください。↓検索結果一覧「特許・実用新案（〇〇）」と件数が表示されます。↓「文献番号」をクリックしてください。

「発明」の「書誌＋要約＋図面」が表示されます。

「乳児用の枕」に関する「情報」がみつかります。ここで、従来の「課題（問題）」は、工夫したところは、「発明の効果」は、……、個条書きでいいです。短文でいいです。内容を整理してください。すると、新しい形の「乳児用の枕」ができます。

手は外に出た脳である。……、と哲学者のカントがいいました。まさに、そのとおりです。頭と手の両方の脳で考えるから、素晴らしい作品が生まれるのです。

この考え方は、形「製品」に結びつく、テーマ「科目」がみつかります。
○○の作品を思いついたとき、たとえ、それが、改悪案であっても、恐ろしく創造力を発揮させることができます。

5.「伸び縮みする貯金箱」：ジャバラの伸縮がヒント

●こうすれば、発明・アイデアは、誰にでもできる

【説明図】

「ストローのジャバラ」

「伸び縮みする貯金箱」

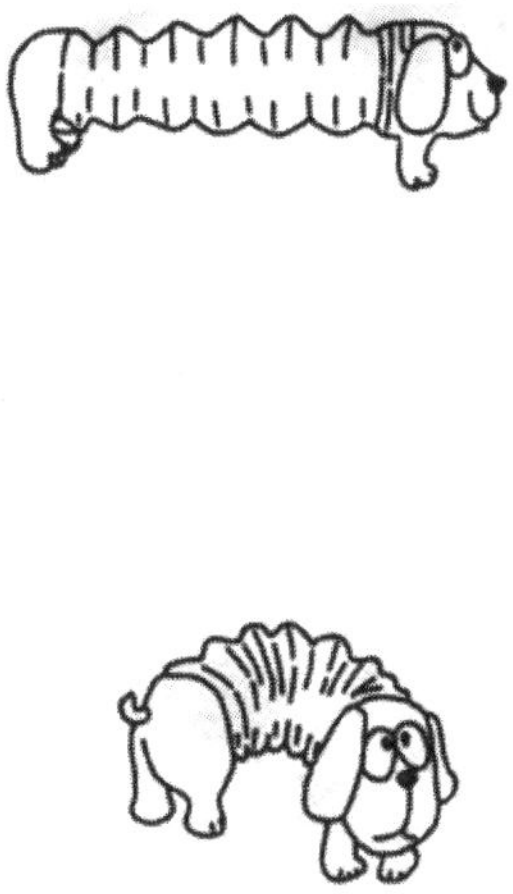

発明・アイデアは、誰にでもできます。それでは、一例を紹介してみましょう。

▽《ジャバラの伸縮をヒントにした》

たとえば、ジュースのストローの首のところをみてください。ジャバラがついているでしょう。それをヒントにしたのです。

そして、「貯金箱」に応用することを考えたのです。

このような話を聞くと、なるほど、上手いことを考えたなあー、と多くの人が思うでしょう。きっと、感動すると思います。でも、ここで、感動するだけではいけませんよ。

次に、「**私なら○○を○○にするのになあー、……**」と考えることが大切なのです。

▽《ジャバラを○○に利用してみよう》

私も、このジャバラを○○に利用してみよう。

将来、○○の作品を形「製品」に結びつけよう。……、と考えてください。

このように、「プラス発想」をすると、自分が創作したものが、形「製品」に結びつきそうな夢があり、楽しくなってきます。……、さあー、明日といわず、今日、いや、いまからでもいいです。ですから、すぐに、スタートしませんか。

貯金は、お金が貯まる（伸びる）ことだけを考えましょう。

嬉しくなりますよ。……、楽しみながら貯金ができます。

●ハッピーなことを考えて、ワクワクしよう

来月は、○○の作品で「ロイヤリティ（特許の実施料）」が○○万円か、なんて、ハッピーなことを考えてください。それは、もう気持ちよくなって、ワクワクします。
○○の作品は、形「製品」に結びつくかも、なんて考えるだけでも、楽しくなると思います。

▽《プロセスを楽しむ》

新しい作品を考える。……、というのは、○○の作品を形「製品」にしたい。

……、という人が、そのプロセスを楽しむための「手段」なのです。

創作した○○の作品、他の人（第三者）には、つまらない作品にみえるかもしれません。

▽《発明・アイデアに、不向きはない》

それでも、この作品は、一番だ！　最高だ！　……、と、思って、その人は、楽しくて仕

方がないのです。……、だから、発明・アイデアは、不向き、というのはないのです。

しつこいようですが、〇〇の発明・アイデアを、〇〇会社で形「製品」に結びつけていただこう。……、という気持ちさえあれば、誰でも、発明・アイデアはできます。

だから、たとえば、

□……、新しい作品を考えて、会社に貢献して、出世しよう。

□……、新しい作品を考えることによって、人によく思われよう。

□……、新しい作品を考えることによって、彼女（彼）を引きつけよう。

このように、すべていい方向にもっていこうとすれば、誰でも、発明家になれます。

たとえば、失恋する人は、新しいことを考えないからです。

新しいことを考えれば、失恋なんかしませんよ。

なぜなら、相手が喜ぶことを、10個も、15個も、考えるからです。

新しいことを考えない。……、すると、相手は逃げます。逃げるから、また、追っかけます。……、そこで、ケンカになります。……、このように悪循環を繰り返すだけです。

こういったことは、何も恋愛に限ったことではありません。

仕事だって、同じです。アイデアがあれば、「課題（問題）」を解決できます。難局を乗り越えることができます。

私は、学生のとき、理科や数学は、苦手でした。だから、発明・アイデアは、向いていない。……、と勝手に決める人がいます。だけど、発明をすることとは、関係もないし、別問題です。

……、本書に事例を紹介しますので、これらの事例をヒントにしてください。「**ウーン、なるほど、これくらいのことなら、自分にもできる**」……、と思っていただけるハズです。

6．「拍子木」：男・女のこけしがヒント

●角柱と円柱の木を組み合わせた「拍子木」

「拍子木」は、角柱と角柱の木を組み合わせて、ひもで結んで、一対にしたものです。

たとえば、夜まわりをするときに、カチカチッと打ち鳴らして歩くときに使います。

その「拍子木」は、観光地のおみやげ店などで、店先に吊るして販売しています。
そのことをみなさん知っています。だから、角柱と角柱では、形が新しくないので、「拍子木」を独占して、製造、販売することはできないのです。

【説明図】①角柱と円柱の木を組み合わせた「拍子木」、②握り部（頭）を付けた「拍子木」、
③角柱と角柱の木を組み合わせた「拍子木」

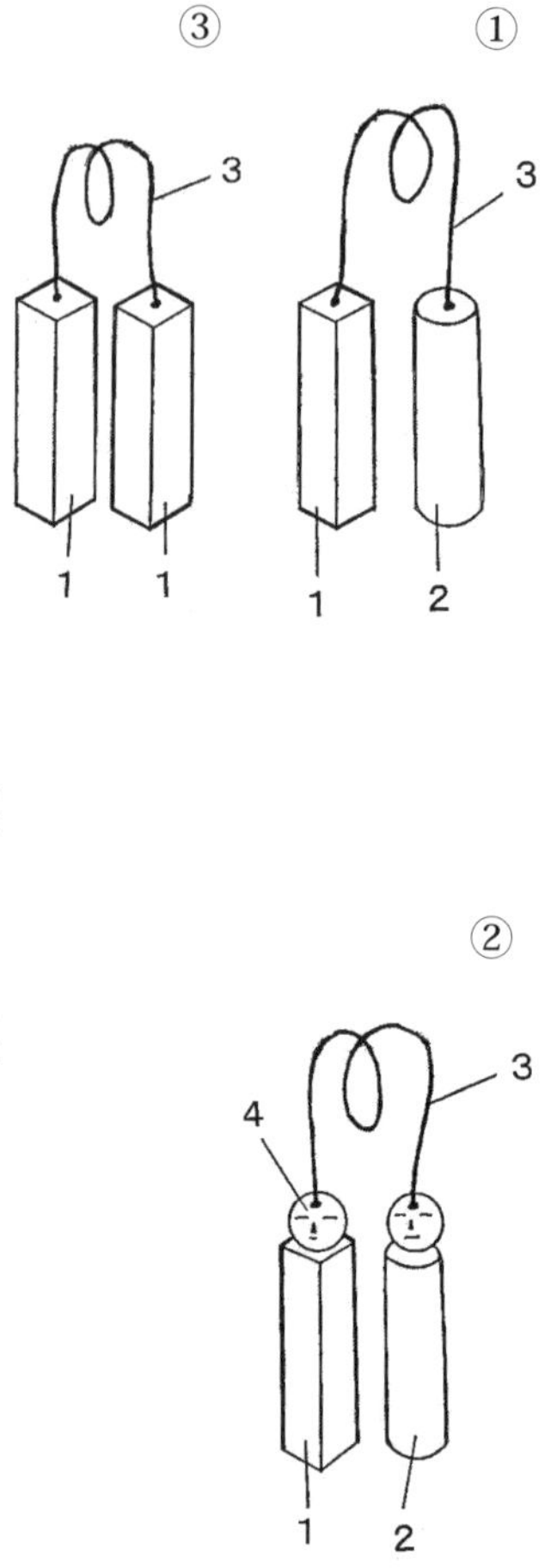

1 角柱、2 円柱、3 ひも、4 握り部（頭）

▽**《現状の「課題（問題）」》**
いままでの「拍子木」を使うときは、互いに角柱の面と角柱の面で打ち合わせます。打ち合わせて、美しい同一の音を連続的に出すためには、ある程度の練習が必要です。

そこで、同一の音を簡単に出せるように、新しい形状の「拍子木」を考えたのです。

さらに、誰が使っても、同一の音を簡単に出せるようにしたのです。

▽**《どのような方法で、改善したのか》**
ポイントは、角柱と円柱の木を組み合わせたことです。それを、ひもで結びます。

角柱と円柱を組み合わせると、打ち合わせるとき、角柱の面と円柱の線で接触します。

したがって、誰が使っても、すぐに、美しい同一の音を連続的に出せるのです。

▽**《さらに、期待される効果》**
両方に握り部を設けて、握り部を人形の「こけし」のようにして、それを**男・女の頭形**にすれば、**お土産品**にもなります。

「こけし」なら、一年中、販売できます。

以上のような内容の発明・アイデアです。上手く考えたものです。

こうして、新しい形「製品」の「拍子木」が誕生したのです。

木を組み合わせた作品だけに、気も合いますよね。

この「拍子木」に登場するのは、**角柱**と、**円柱**と、**ひも**と、**握り部（頭）**です。

●特許願の「明細書」の形式に整理してみよう

では、ここで、特許願の「明細書」に書く項目を簡単に説明しましょう。

「明細書」は、○○の作品の何を、どのような「目的」で考えたのか（!?）

◆**【技術分野】**、**【背景技術】**　発明の概要（あらまし）やいままでの○○の作品は、どんな物品の形状や構造のものがあったのか。……、を書きます。

【技術分野】

本発明は、一対の角柱の拍子木の一方を円柱にした拍子木の改良に関するものである。

【背景技術】

従来の拍子木は、角柱と角柱を組み合わせた一対のものであった。

◆**【発明が解決しようとする課題】**　従来（いままで）のもの（製品）の構造上の欠点、使い方などの「課題（問題）」を書きます。

【発明が解決しようとする課題】
　これは次のような欠点があった。
（イ）従来、一対の角柱の拍子木は、使うとき、互いに角柱と角柱の面と面で打ち合わせて、カチカチッ、と音を出すため手元が少し斜めになると打つ面と面の面積が異なるので、同一の音が出なかった。
（ロ）従来の拍子木を使ったとき、美しい同一の音を簡単に連続的に出すことはむずかしかった。
（ハ）とくに、初めて使う人は、ある程度の練習をしなければ、同一の音を連続的に出すことはむずかしかった。

◆**【発明を解決するための手段】**　次に、この「課題（問題）」を解決するために、どのような物品の形状や構造にしたのか（!?）その欠点を除くために考えた構成（しくみ）を書きます。

【発明を解決するための手段】
一対の拍子木の一方を角柱（1）にして、他方を円柱（2）にする。
本発明は以上の構成よりなる拍子木である。

◆**【発明の効果】** 以上のような構成です。だから、このような効果が生まれました。
……、と説明します。

【発明の効果】
（イ）一対の拍子木の一方の角柱の面と、他方の円柱の線で打ち合うことができるので、手元はいつも同じ状態で打ち合うことができる。
（ロ）いつも、同一の音を出すため練習をしなくても、初心者でも簡単に美しい同一の音を連続的に出すことができる。

◆**【発明を実施するための形態】** 発明の内容を詳しく書きます。

続けて「使い方」を説明します。

さらに、本発明の他に、応用例（実施例）があれば書きます。


【発明を実施するための形態】

以下、本発明の実施をするための形態について説明する。

拍子木の一方を適当な長さの角柱（1）にして、他方を適当な長さの円柱（2）にした一対をひも（3）で結んだ拍子木である。

本発明は、以上のような構造である。

本発明を使用するときは、一対の拍子木を両手で持って一方の角柱（1）と、他方の円柱（2）を打ち合わせる。

拍子木の一方が角柱で、他方が円柱だから打ち合うところは、いつも面でなく線になる。

なお、握り部（4）を設け、握り部（4）を人形のこけしのように男・女の頭形にしてもいい。


以上のような内容、順を追って書けばいいのです。

それを続けて書いてください。すると、特許の「明細書」になります。

7.「スタンドを付けたまな板」：自転車のスタンドがヒント

●発明・アイデアは、小さな思いつき、ヒラメキからスタートする

【説明図】　まな板を立てられる「スタンドを付けたまな板」

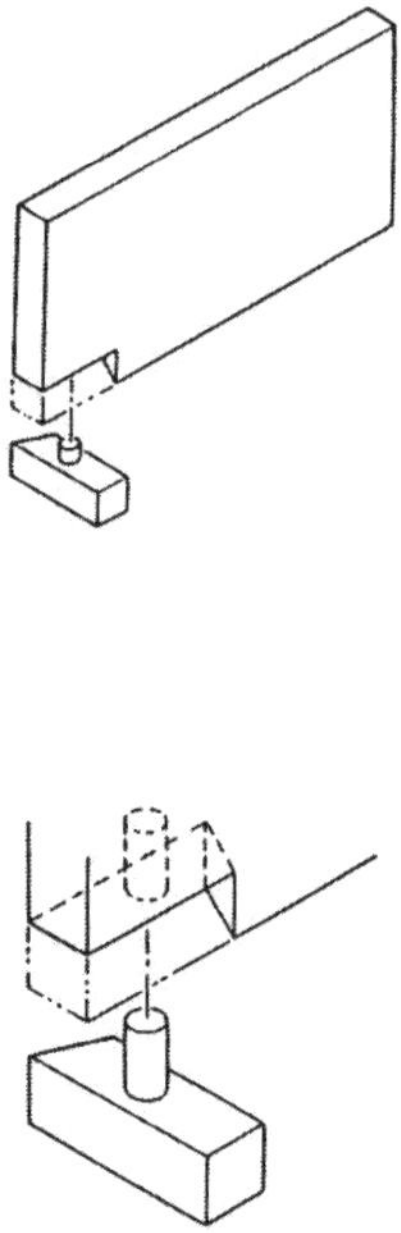

あなたは、毎日のように、ふと、○○の作品を思いついた。

……、といって、ワクワクしながら、小さな喜びを、一人で、感じていませんか（!?）

▽《たとえば、台所のまな板の水切り》

水切りが簡単にできるといいのに、……、と、考えた人がいます。

▽**《まな板を立てる台などがいらない》**

自転車のスタンドのように、立てればいい、そして、使っていないとき、水切りが簡単にできて、衛生的で、しかも、安価にできるように、まな板の角の一部を切ったのです。

その部分を回転自在にしました。すると、まな板を立てる台などを別に準備しなくても、いいのです。まな板を立てられるように、まな板の一部をスタンドの形にしたのです。

▽**《小さな思いつき、ヒラメキがすばらしい》**

でも、いままでは、その小さな思いつき、ヒラメキをどうすればいいのかわからなくて、その場限りで忘れ、捨てていませんでしたか（!?）

ところが、その、思いつき、ヒラメキには、大変な幸運がかくされているかもしれませんよ。

……、だから、簡単に捨ててはいけないのです。あきらめてはいけないのです。

▽**《手作りで、試作、テスト（実験）をしてみよう》**

あなたの○○の作品、「スタンド＋まな板＝スタンドを付けたまな板」のように、作品を立ててくれますよ。自立ができます。

8.「刃に折れ目を入れたカッター」：板チョコの折れ目がヒント

●「刃に折れ目を入れたカッター」を改善・提案の提案用紙の形式にまとめてみよう

【件名（作品の名称）】　刃に折れ目を入れたカッター

【現状の「課題（問題）」】

印刷分野の会社では、印刷物をカットしたり、切り抜きしたりする作業で刃物をよく使います。

しかし、これは、刃の先がすぐ切れなくなります。そのため、手間がかかります。

それで、片刃の安全カミソリの刃を買ってきて、使い捨てにするようになりました。

ところが、5回か、6回、使うと、もう刃が切れなくなって、刃を捨てます。

これは、とても、もったいないです。

そこで、なんとかならないか（!?）……、と考えました。

【改善対策（内容）】

刃に折れ目を入れることを考えました。

そのとき、ヒントになったのが、板状のチョコレートの折れ目です。

その折れ目をカッターに応用しました。

刃物に、斜めに平均に折れ目を入れました。

【改善後、期待される効果】

1枚の刃で、刃が切れなくなったら、折れ目でカットして、何度も使えるようになりました。

替え刃を買う枚数が少なくなるので、消耗品代が節約できます。

刃を交換する回数が少なくなり、作業効率もアップします。

◆板チョコの折れ目をカッターに応用

【説明図】

「1枚の刃」

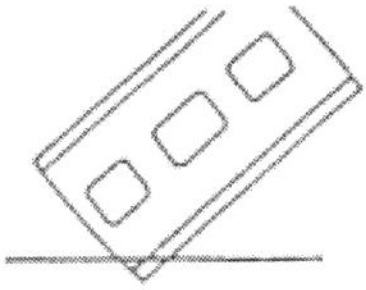

「斜めに平均に折れ目を入れた刃」

その製品が「ＯＬＦＡ（オルファ）」です。「ＯＬＦＡ」は、「折る刃」という意味です。「折る刃」だけに、オーレ、オーレ、……、といって、あなたの作品を多くの人が応援してくれますよ。

９．「コーンのチラシずし」：アイスクリームのコーンがヒント

●「遊び心」があって、面白い「コーンのチラシずし」は、話題になる

【説明図】

「アイスクリーム」

「コーン＋チラシずし」

お寿司屋さんには、子ども連れのお客さんもいます。

そして、「チラシずし」を注文する人が多いようです。
▽《**気になったこと**》
ところが、子どもは、「チラシずし」を「はし」でも、「スプーン」でも、上手く食べられません。
▽《**上手く食べられるように**》
そこで、子どもが、上手く食べられるように、アイスクリームのコーンに、チラシずしを入れたらどうか（!?）

……、と、「コーン＋チラシずし」の「**コーンのチラシずし**」を女将さんが考えました。

そうすると、「チラシずし」は、「はし」を使わなくても上手く食べられます。

さっそく、「コーン」に「チラシずし」を入れた、「**コーンのチラシずし**」を手作りで、試作品をつくって食べてみました。
▽《**食べやすい**》
すると、どうでしょう。……、食べやすいです。美味しいです。

子どもが喜ぶだけでなく、大人までが、これはいい。……、といっていただきました。

▽《あと片付けがいらない》

さらに、いいことがあります。

それは、あと片付けがいらない。……、ということです。

環境にもやさしいです。

コーンの容器のおかげで、みなさんは、陽気（容器）になりますよ。

「遊び心」があって、面白いでしょう。

形状は、コーン（来ん）ですが、組み合わせが珍しくて、お客さんはいっぱい来てくれます。

【第2章】

○○の作品が形「製品」に結びつく「情報」は、「インターネット」と「特許情報プラットフォーム（J-PlatPat）」で集まる

1．○○の作品、先行技術（先願）がありませんか

いま、あなたが、形「製品」に結びつけよう！「現金化」しよう！……、と思っている○○の作品、新しいですか（!?）……。すでに、先行技術（先願）が、ありませんか。

先行技術（先願）の「情報」を、特許庁の「**特許情報プラットフォーム（J-PlatPat）**」で、調べることができます。

素晴らしい作品を考えたとき、特許庁は、同じ種類の「公報」を「特許情報プラットフォーム（J-PlatPat）」で、みて、それと比べてください。……、といっています。

身近な事例を紹介しながら、調べ方を一緒に「**学習**」しましょう。

●未完成の○○の作品の出願を急いではいけない

いま、あなたは、○○の作品の権利をとりたくて、一日も早く出願をしたい。……、と考えていませんか。

本当の「目標」は、権利をとるために、出願を急ぐことでしたか（!?）

未完成の作品の特許の権利をとることでしたか（!?）

「目標」の第一志望、第二志望の会社に、○○の作品、特許出願中「ＰＡＴ・Ｐ（Patent pending）」です。……、と書いて、「売り込み（プレゼン）」をして、形「製品」に結びつけていただくことですよね。だから、その出願、急ぐのは、ちょっと待っていただけませんか。

急ぐと、出願料「特許印紙代（１４，０００円）」がムダになります。

▽《先行技術（先願）は、○○の作品の「参考書」》

これは、という作品を決めたら、過去に、どういった先行技術（先願）があったか、調べることです。「**情報**」を集めることです。

先行技術（先願）の「情報」が、○○の作品の素晴らしい「**参考書**」になります。

□最初は、作品の大きさ（寸法）を決めて、図面（説明図）を描きましょう。

□手づくりで、「試作品」を作りましょう。

□使ってみると、便利になったか、「発明の効果」の確認ができます。

□今度は、家族、近所の人、友人など、いろいろな人に、感想を聞くのです。

□多くの人が、これは、使いやすい、便利だ、素晴らしい、「**いいネ！**」といった評価をしていただけます。

だから、ムリをしてはいけないのです。特別な料金を支払って、特急電車に乗らなくても、普通電車に乗って、確実に形「製品」に結びつく方法を選ぶのです。

●先行技術（先願）の「情報」を活かそう

特許庁の「**特許情報プラットフォーム（J-PlatPat）**」で、調べた先行技術（先願）の「情報」が、○○の作品の出願の書類をまとめるとき、一番の「**参考書**」になります。

今度は、先行技術（先願）の「情報」が活かせます。

▽《コピペが活用できる》

「出願の書類」の書き方で、悩んでいた人、朗報です。

明細書の書き方、**図面の描き方**、**符合の名称の書き方**などの悩みが一気に解決します。

パソコンのワード（Word）で、書類を作成するとき、**コピペ**〈コピー・アンド・ペースト〈Copy and Paste〉の略語です）が、最大限に活用できます。

コピー（Copy）は、複製です。ペースト（Paste）は、貼りつけることです。

●あなたの○○の作品に興味がある会社がみつかる

▽《「目標」の第一志望の、第二志望の会社を決められる》

「目標」の第一志望、第二志望の「会社」を、まだ、決めていない人、朗報です。

「**出願人／権利者**」のところをみてください。

同じような作品に興味がある「会社」がみつかります。「**会社名**」が書いてあるでしょう。

その中から、「売り込み（プレゼン）」をしたい、「目標」の第一志望、第二志望の「**会社**」を決めることができます。

5～10社くらい、「**会社**」のチェックをしましょう。

形「製品」に結びつけていただけるように、事業の内容の確認をして、研究をするのです。

「傾向と対策」を練るのです。

思いを込めて、深く研究すれば、あなたの作品は、形「製品」に結びつきます。

「現金化」できます。作品も、あなたも、気に入っていただけます。

恋愛と同じです。おつきあいする人、誰でもいいですか（!?）違いますよね。

2.「情報」を整理すれば、新しい作品が生まれる

●○○の作品に関連した「情報」を集める

○○の作品の芽をのばすためには、○○の作品に関連した「情報」を集めることが大切です。その「課題（問題）」に関して、「情報」をたくさん集めましょう。

□すでに、製品になっていないか、……。□販売されていないか、……。調べるのです。販売されている製品は、Ｙａｈｏｏ（ヤフー）、Ｇｏｏｇｌｅ（グーグル）などで検索できます。すると、どんな製品が売れているか、……。市場性があるか、……。様子がわかります。

●製品は、どこに行けばみられるのか、どこをチェックすればいいのか

専門店、量販店、ホームセンター、スーパーなど、いろいろな店へ行ってください。

□「物品の形状」、□「構造（しくみ）」、□「大きさ（寸法）」、□「材質」、□「色彩」、□「パッケージ」、□「価格」、□「会社名」などをチェックしましょう。

いま、一番、売れている製品もわかります。○○の作品の市場性がわかります。

●「特許情報プラットフォーム（J-PlatPat）」で、先行技術（先願）を調べる

○○の作品、他の人（第三者）が先に出願をしているかもしれません。

先行技術（先願）の「情報」は、特許庁の「特許情報プラットフォーム（J-PlatPat）」で、調べられます。

従来の「課題（問題）」、工夫したところ、「発明の効果」、「情報」を整理してください。

「特許願」の「明細書」の形式に、簡単にまとめられます。

3．同じような作品の「先行技術（先願）」がないか、調べられる

●題材「目盛りを付けたベルト」

町（個人）の発明家のYさんは、最近、体型が気になっています。

そこで、「目盛りを付けたベルト」を考えました。……、こういった状況のとき、いま、どういった形状、構造の製品が販売されているか、気になりますよね。

では、さっそく調べてみましょう。

本発明は、従来のベルトに、「目盛りを付けたベルト」に関するものです。

ベルトは、普通、ズボンのずれ落ちを防止するために使っています。

本発明は、その機能をふやすために工夫しました。

ベルトに、目盛りを付けました。

これで、いつでも、ウエストのサイズを測ることができます。

健康管理もできます。また、メジャーとして、使うこともできます。

この「**目盛りを付けたベルト**」の出願をしたい、という相談です。

●「特許情報プラットフォーム（J-PlatPat）」で検索

▽《「売り込み（プレゼン）」をしたい会社がみつかる》

会社で出願しているところは、会社名をメモしておきましょう。

「**特許情報プラットフォーム（J-PlatPat）**」の「**◎特許・実用新案**」を選んでください。

そこの「**検索キーワードボックス**」に、たとえば、**検索のキーワードを**「**ベルト　目盛り**」と入力します。

「**検索**」をクリックしてください。
→検索結果一覧「特許・実用新案（○○）」と件数が表示されます。

↓「**文献番号**」をクリックしてください。

「発明」の「**書誌＋要約＋図面**」が表示されます。

「**目盛りを付けたベルト**」に関する「**情報**」がみつかります。

もっと詳しい内容も確認できます。「画面」の下のほうをみてください。

「請求の範囲」、「詳細な説明」、「図面」などが表示されます。

そこをクリックしてください。詳しい内容が確認できます。

なるほど、簡単に先行技術（先願）の「情報」が調べられるのですね。

●「Yahoo（ヤフー）」で検索

「Yahoo（ヤフー）」で検索してみましょう。それでは、「**検索キーワードボックス**」に、検索キーワードなどを、たとえば、「**目盛り　ベルト**」と入力します。

続いて「**検索**」をクリックします。

すると、「検索結果」の下にいろいろな「情報」が紹介されます。

その「情報」をみながら、自分の作品と関連がありそうなところをクリックしてください。

必要な「情報」がみつかります。

●「Ｇｏｏｇｌｅ（グーグル）」で検索

「Ｇｏｏｇｌｅ（グーグル）」で検索してみましょう。

チャレンジしてみてください。

それでは、「検索キーワードボックス」に、検索キーワードなどを、たとえば、**「目盛り　ベルト」**と入力します。

続いて、**「Google 検索」**をクリックします。

すると、「検索結果」の下に、いろいろな「情報」が紹介されます。

その「情報」をみながら、自分の作品と関連がありそうなところをクリックしてください。

必要な「情報」がみつかります。

先行技術（先願）の調査は、必要です。趣味として、「発明ライフ」を楽しんでいても、いま、販売されている商品を、３つ、４つは集めることです。

そして、たとえば、□「形」、□「大きさ」、□「材質」、□「色彩」、□「パッケージ」などを比較しながら研究することです。□製品になった理由、□売れている理由を考えるのです。

4. 誰でも利用できる「特許情報プラットフォーム（J-PlatPat）」

（1）特許庁の「特許情報プラットフォーム（J-PlatPat）」は、「特許の図書館（library）」、「特許の辞書（dictionary）」

特許庁の「特許情報プラットフォーム（J-PlatPat）」は、先行技術（先願）の「情報」がいっぱいつまっている「**特許の図書館（library）**」です。「**特許の辞書（dictionary）**」です。

無料で、利用できます。活用してください。

◆「**ポイント・①」特許の「公報」は、書類をまとめるときの、一番の「参考書」**

特許願の「**明細書**」の書き方がよくわかります。

とくに、「**図面**」の描き方、「**符号**」の付け方などで、悩まなくても大丈夫です。

「図面」をみただけで、作品のイメージがつかめる「**図面**」の描き方がわかります。

どんな「図面」を描けば、効果的か、すぐに、わかります。

◆「**ポイント・②」「売り込み（プレゼン）」をしたい会社がみつかる**

特許庁の「**特許情報プラットフォーム（J-PlatPat）**」で、先行技術（先願）の「情報」を調べるとき、一緒に、どのような会社が○○の作品の分野に興味をもっているか、チェックをしてください。

▽《「会社の担当者も、新しい製品の開発に取り組んでいる》

会社で出願しているところは、会社名をメモしてください。

そこの会社のホームページをみてください。

業務の内容を調べて、「目標」の第一志望、第二志望の会社にするのです。

さらに、「傾向と対策」を練りましょう。

（2）発明活動に活かせる、「特許情報プラットフォーム（J-PlatPat）」

特許庁は、ホームページで、発明活動に活かせる、「特許情報を特許情報プラットフォーム（J-PlatPat）」で、提供しています。

▽《**無駄な研究、無駄な出願**》

特許の「情報」は、現在、公開されている特許公報を調べることができます。みなさんの作品と同じものが、先に出願されていないか、調べましょう。

これで、**無駄な研究、無駄な出願**をしなくてすみます。

(3)「特許・実用新案、意匠、商標」の「簡易検索」で、先行技術(先願)を調べよう

●題材「片手で抜ける栓抜き」

「特許情報プラットフォーム(J-PlatPat)」を開いてください。

↓「**簡易検索**」の中の「◎特許・実用新案」を選択してください。

「**検索キーワードボックス**」に、たとえば、[**片手　栓抜き**]と入力します。

「**検索**」をクリックしてください。

↓**検索結果一覧「特許・実用新案(○○)**」と件数が表示されます。

↓「**文献番号**」をクリックしてください。

「発明」の「**書誌**+**要約**+**図面**」が表示されます。

もっと詳しい内容も確認できます。「画面」の下のほうをみてください。

「請求の範囲」、「詳細な説明」、「図面」などが表示されます。

そこをクリックしてください。詳しい内容が確認できます。

なるほど、先行技術(先願)は、簡単に、調べられるのですね。

従来の「課題(問題)」、工夫したところ、「発明の効果」などは、「特許願」の「明細書」の形式になっています。

だから、「情報」は、簡単に内容の整理ができますよ。

●題材「磁石を付けた栓抜き」

「特許情報プラットフォーム（J-PlatPat）」を開いてください。

↓「**簡易検索**」の中の「◎特許・実用新案」を選択してください。

「**検索キーワードボックス**」に、たとえば、「**磁石　栓抜き**」と入力します。

「**検索**」をクリックしてください。

↓**検索結果一覧「特許・実用新案（○○）」**と件数が表示されます。

↓「**文献番号**」をクリックしてください。

「発明」の「**書誌＋要約＋図面**」が表示されます。

もっと詳しい内容も確認できます。「画面」の下のほうをみてください。

「請求の範囲」、「詳細な説明」、「図面」などが表示されます。

そこをクリックしてください。詳しい内容が確認できます。

なるほど、先行技術（先願）は、簡単に調べられるのですね。

従来の「課題（問題）」、工夫したところ、「発明の効果」などは、「特許願」の「明細書」の形式になっています。

だから、「情報」は、簡単に内容の整理ができますよ。

5．先行技術（先願）の調べ方を体験してみよう

●題材「携帯用のスリッパ」

「特許情報プラットフォーム（J-PlatPat）」を開いてください。

↓「**簡易検索**」の中の「◎特許・実用新案」を選択してください。

「**検索キーワードボックス**」に、たとえば、「**携帯　スリッパ**」と入力します。

「**検索**」をクリックしてください。

↓検索結果一覧「**特許・実用新案（○○）**」と件数が表示されます。

↓「**文献番号**」をクリックしてください。

「発明」の「**書誌＋要約＋図面**」が表示されます。

もっと詳しい内容も確認できます。「画面」の下のほうをみてください。

「請求の範囲」、「詳細な説明」、「図面」などが表示されます。

そこをクリックしてください。詳しい内容が確認できます。

なるほど、先行技術（先願）は、簡単に、調べられるのですね。

従来の「課題（問題）」、工夫したところ、「発明の効果」などは、「特許願」の「明細書」の形式になっています。

だから、「情報」は、簡単に整理できますよ。

●**題材「掃除用のスリッパ」**
「特許情報プラットフォーム（J-PlatPat）」を開いてください。

↓「**簡易検索**」の中の「◎特許・実用新案」を選択してください。

「**検索キーワードボックス**」に、たとえば、［**掃除　スリッパ**］と入力します。

「**検索**」をクリックしてください。

↓**検索結果一覧**「**特許・実用新案**（○○）」と件数が表示されます。

↓「**文献番号**」をクリックしてください。

「発明」の「**書誌**＋**要約**＋**図面**」が表示されます。

もっと詳しい内容も確認できます。「画面」の下のほうをみてください。

「請求の範囲」、「詳細な説明」、「図面」などが表示されます。

そこをクリックしてください。詳しい内容が確認できます。

なるほど、先行技術（先願）は、簡単に調べられるのですね。

従来の「課題（問題）」、工夫したところ、「発明の効果」などは、「特許願」の「明細書」の形式になっています。

だから、「情報」は、簡単に内容の整理ができますよ。

●題材「クリップを付けたハンガー」

「特許情報プラットフォーム（J-PlatPat）」を開いてください。

↓「**簡易検索**」の中の「◎特許・実用新案」を選択してください。

「**検索キーワードボックス**」に、たとえば、「**クリップ　ハンガー**」と入力します。

「**検索**」をクリックしてください。

↓検索結果一覧「**特許・実用新案**（○○）」と件数が表示されます。

↓「**文献番号**」をクリックしてください。

「発明」の「**書誌＋要約＋図面**」が表示されます。

もっと詳しい内容も確認できます。「画面」の下のほうをみてください。

「請求の範囲」、「詳細な説明」、「図面」などが表示されます。

そこをクリックしてください。詳しい内容が確認できます。

なるほど、先行技術（先願）は、簡単に調べられるのですね。

従来の「課題（問題）」、工夫したところ、「発明の効果」などは、「特許願」の「明細書」の形式になっています。

だから、「情報」は、簡単に内容の整理ができますよ。

6．集まった「情報」が書類をまとめるための「参考書」

●題材「目盛りを付けたまな板」

発明家の○○さんは、A「まな板の表面」に、B「目盛り」を付けた、C「目盛りを付けたまな板」を考えました。

包丁で食材を切るとき、慣れていない人は、同じ大きさに切れません。

そこで、同じ大きさに切れるように、A「まな板の表面」に、B「目盛り」を「＋（足し算）」

したのです。この、「目盛りを付けたまな板」のように、ある程度、作品がまとまったら、次は関連した製品のチェックをしましょう。

▽《「目盛りを付けたまな板」について、先行技術（先願）を調べよう》

「特許情報プラットフォーム（J-PlatPat）」を開いてください。

↓「**簡易検索**」の中の「◎特許・実用新案」を選択してください。

「**検索キーワードボックス**」に、たとえば、【**目盛り　まな板**】と入力します。

「**検索**」をクリックしてください。

↓**検索結果一覧**「**特許・実用新案**（○○）」と件数が表示されます。

↓「**文献番号**」をクリックしてください。

「発明」の「**書誌**＋**要約**＋**図面**」が表示されます。

もっと詳しい内容も確認できます。「画面」の下のほうをみてください。

「請求の範囲」、「詳細な説明」、「図面」などが表示されます。

そこをクリックしてください。詳しい内容が確認できます。

なるほど、先行技術（先願）は、簡単に調べられるのですね。

従来の「課題（問題）」、工夫したところ、「発明の効果」などは、「特許願」の「明細書」の形式になっています。

だから、「情報」は、簡単に内容の整理ができますよ。

●類似した製品の「プラス」と「マイナス」、「長所」と「欠点」を表にまとめよう

すでに、販売されている製品は、インターネットで調べられます。

Ｙａｈｏｏ、Ｇｏｏｇｌｅなどで検索してください。

すると、どんな製品が売れているか、様子がわかります。

また、作品に関連した専門店、量販店、ホームセンター、デパート、スーパーなどの製品の市場調査をかねて、売り場を探訪してください。「情報」は、自然に集まります。

先行技術（先願）の「情報」は、特許庁の「特許情報プラットフォーム（J-PlatPat）」で、調べましょう。

次は、類似した製品の「プラス」と「マイナス」、「長所」と「欠点」を表にまとめてみましょう。

商品の「情報」を集めて、自分の作品と比べるのです。

すると、改良すべきところ、ヒントがみつかります。

そういうとき、嘆くことはありません。あなたと同じ考えの作品を製品にできたことは、考

え方、テーマ「科目」の選び方が間違っていなかった、という証明になるわけです。

だから、ここで、くじけてはいけません。悩んでもいけません。

「プラス発想」をすることです。

そうすると、製品にできる新たなテーマ「科目」がみつかります。

7．「発明の浮気」もいいけど、「情報」は、しっかり集めよう

●安心してください。「発明の浮気」は、OK（!?）

先生、テーマ「科目」を一科目だけにしたいのですが、いろいろな作品が気になってしまいます。

たとえば、数カ月前は、「洗濯・掃除用品」が得意です。

……、といって、一所懸命に考えていました。

……、そうか、と思うと、「健康用品」にも興味があります。

いまは、「室内用品」の改良に力を入れています。

……、発明・アイデアに興味をもちはじめた頃は、誰でも、手当たりしだいに新しい作品が

浮かんできます。そういう人は、将来、作品を必ず製品にできる型の人です。

ところが、そういう人が、6カ月、1年すると姿を消してしまうケースもあります。

それは、なぜでしょうか。中途半端のままで、何でも、テーマ「科目」にするからです。

●創造力を高める練習をしよう

「発明の浮気」は、発明のトレーニングとして、非常に大切です。

創造力を高める練習にはかかせません。しかし、作品を形「製品」に結びつけるために、「発明の浮気」は、少しの期間にしてください。

心を込めて、作品のことを考えないからです。中途半端な状態です。だから、一つも、形「製品」にならないのです。その結果、私には才能がない、と思い込んでしまうのです。

そこで、ある一定の水準に達したら、半年、1年と続けて深くきわめるテーマ「科目」が必要です。テーマ「科目」は、一つにしてください。

恋をするときも、最初は、いろんな人が気になると思います。それで、いいです。でも、いつまでも、八方美人、ではいけません。そろそろ、本命を決めましょう。

それが、形「製品」に結びつく、決め手です。

● **題材「四角柱のスティックのり」**

たとえば、円を四角にする発想から生まれた、口紅式のスティック糊の作品です。

円形状のスティックのりは、幅を広くしようとすると紙との接触面が広くなります。

すると、摩擦が大きくなり、塗りにくいです。のりを紙に対して斜めに当てると、今度は、スムースに塗れますが、紙との接触面が小さくなり、効率良く塗れません。

そこで、スティックのりの塗り面を長方形にしました。

傾けても、垂直に当てたときと同じ塗り幅できる、と考えたのです。

長方形だと、のりしろの幅に応じて縦と横の幅を使い分けができます。

▽**《「四角柱のスティックのり」》**

「特許情報プラットフォーム（J-PlatPat）」を開いてください。

↓「**簡易検索**」の中の「◎特許・実用新案」を選択してください。

「**検索キーワードボックス**」に、たとえば、「**四角柱　スティック　のり**」と入力します。

「**検索**」をクリックしてください。

↓**検索結果一覧「特許・実用新案（○○）」**と件数が表示されます。

↓「**文献番号**」をクリックしてください。

「発明」の「**書誌＋要約＋図面**」が表示されます。

もっと詳しい内容も確認できます。「画面」の下のほうをみてください。

「請求の範囲」、「詳細な説明」、「図面」が表示されます。

そこをクリックしてください。詳しい内容が確認できます。

なるほど、先行技術（先願）は、簡単に調べられるのですね。

従来の「課題（問題）」、工夫したところ、「発明の効果」などは、「特許願」の「明細書」の形式になっています。

だから、「情報」は、簡単に内容の整理ができますよ。

●題材「握力強化具」の先行技術（先願）

もう一つのテーマ「科目」は、握力が弱くなった人のために考えた、「握力強化具」です。

年を重ねると、つい、健康状態が気になります。

そこで、体力を維持するために、各種、健康器具を買い求めます。

体力の維持をはかります。

▽《「**握力強化具**」》
「特許情報プラットフォーム（J-PlatPat）」を開いてください。

↓「**簡易検索**」の中の「◎特許・実用新案」を選択してください。

「**検索キーワードボックス**」に、たとえば、「**握力　強化**」と入力します。

「**検索**」をクリックしてください。

↓**検索結果一覧**「**特許・実用新案**（〇〇）」と件数が表示されます。

↓「**文献番号**」をクリックしてください。

「発明」の「**書誌**＋**要約**＋**図面**」が表示されます。

もっと詳しい内容も確認できます。「画面」の下のほうをみてください。

「請求の範囲」、「詳細な説明」、「図面」などが表示されます。

そこをクリックしてください。詳しい内容が確認できます。

なるほど、先行技術（先願）は、簡単に調べられるのですね。

【第3章】

○○の作品は、新しさ「新規性」があるか、「特許情報プラットフォーム(J-PlatPat)」で体験ができる

1. 形「製品」に結びつける体験をしてみよう
「タオル＋目盛り＝目盛りを付けたタオル」

新婚の○○さんに、待望の赤ちゃんが誕生しました。親は、赤ちゃんの日々の成長が楽しみです。それで、毎日、お風呂に入れたあと、身長を測るのが日課になります。

そこで、「**タオル＋目盛り＝目盛りを付けたタオル**」にすれば、正確でなくても、赤ちゃんをタオルの上に寝かせるだけで、身長を測ることができます。

両親の優しさから生まれた、「**タオル＋目盛り＝目盛りを付けたタオル**」です。

この「**タオル＋目盛り＝目盛りを付けたタオル**」の出願をしたい。……、という相談です。

本書では、図面（説明図）を公開すると、作品の内容が公開されてしまうので、「要約書」をみせていただきました。「要約書」は、特許の出願をするときに必要な書類です。

「明細書」に書いた「発明」の要点を４００字以内でまとめます。

【課題】 赤ちゃんを入浴させたあと、タオルで体を拭くときに、赤ちゃんをタオルの上に寝かせるだけで、簡単に身長を測ることができる目盛りを付けたタオルを提供する。

【解決手段】　タオル（1）の図柄として、タオル（1）の表面に線と数字の目盛り（2）を付けて、タオルをメジャーとして使えるように工夫した目盛りを付けたタオル。

……、と書いています。まとめ方がうまいですね。作品の内容もよくわかります。

▽《「タオル＋目盛り＝目盛りを付けたタオル」について、先行技術（先願）の「情報」》

「特許情報プラットフォーム（J-PlatPat）」の「◎特許・実用新案」を選んでください。

「検索キーワードボックス」に、たとえば、**［タオル　目盛り］**と入力します。

「検索」をクリックしてください。

→検索結果一覧「特許・実用新案（○○）」と件数が表示されます。

↓「文献番号」をクリックしてください。

「発明」の「書誌＋要約＋図面」が表示されます。

もっと詳しい内容も確認できます。「画面」の下のほうをみてください。

「請求の範囲」、「詳細な説明」、「図面」などが表示されます。

そこをクリックしてください。詳しい内容が確認できます。

なるほど、簡単に先行技術（先願）の「情報」が調べられるのですね。

2. 形「製品」に結びつける体験をしてみよう
「ペットボトル＋浮き輪を付けたストロー＝ペットボトルに浮輪を付けたストロー」

作品（発明）は、ペットボトルの中に、浮輪を取り付けたストローを差し込んで使うものです。

ペットボトルのキャップを開けたとき、ペットボトルの飲料口より常にストローがふわりと浮き上がり、飲料物を飲みやすいように工夫した「**ペットボトル＋浮輪を付けたストロー＝ペットボトルに浮輪を付けたストロー**」です。

この「**ペットボトル＋浮輪を付けたストロー＝ペットボトルに浮輪を付けたストロー**」の出願をしたい。……、という相談です。

本書では、図面（説明図）を公開すると、作品の内容が公開されてしまうので、「要約書」をみせていただきました。

【課題】 ペットボトルの中に、ストローを差し込んだ状態で、キャップができるストローに浮輪を付けた、ペットボトルに浮輪を付けたストローを提供する。

【解決手段】 ペットボトル（1）の高さと同じストロー（2）とストロー（2）の直径に合わせて摺動可能な大きさの穴を開けた浮輪（3）を付けた、ペットボトル用の浮輪を付けたストロー。

……と書いています。まとめ方がうまいですね。作品の内容もよくわかります。

▽《「ペットボトル＋浮輪を付けたストロー＝ペットボトルに浮輪を付けたストロー」について、先行技術（先願）の「情報」》

「**特許情報プラットフォーム（J-PlatPat）**」の「**◎特許・実用新案**」を選んでください。

「**検索キーワードボックス**」に、たとえば、「**ストロー　ペットボトル**」と入力します。

「**検索**」をクリックしてください。

↓**検索結果一覧**「**特許・実用新案（○○）**」と件数が表示されます。

↓「**文献番号**」をクリックしてください。

「**発明**」の「書誌＋要約＋図面」が表示されます。

もっと詳しい内容も確認できます。「画面」の下のほうをみてください。

「請求の範囲」、「詳細な説明」、「図面」などが表示されます。

そこをクリックしてください。詳しい内容が確認できます。

なるほど、簡単に先行技術（先願）の「情報」が調べられるのですね。

3. 形「製品」に結びつける体験をしてみよう
「蛇腹＋ペットボトル＝伸縮できる蛇腹状のペットボトル」

作品（発明）は、ペットボトルの容器の胴体の部分を蛇腹状にして、飲料水などを飲んだあと、空になったペットボトルを手で圧縮、縮小して、ゴミにできるように工夫した「**伸縮できる蛇腹＋ペットボトル＝伸縮できる蛇腹状のペットボトル**」です。

この「**伸縮できる蛇腹＋ペットボトル＝伸縮できる蛇腹状のペットボトル**」の出願をしたい。……、という相談です。

本書では、図面（説明図）を公開すると、作品の内容が公開されてしまうので、「要約書」をみせていただきました。

【課題】　空になったペットボトルを、小さくして処分できるように工夫した、伸縮できる蛇腹状のペットボトルを提供する。
【解決手段】 ペットボトルの容器（1）の胴体の部分を蛇腹状にした蛇腹部（2）を付けて、使ったあと、手で圧縮、縮小可能にした伸縮できる蛇腹状のペットボトル。

……、と書いています。まとめ方がうまいですね。作品の内容もよくわかります。

▽《「伸縮できる蛇腹＋ペットボトル＝伸縮できる蛇腹状のペットボトル」について、先行技術（先願）の「情報」》

「特許情報プラットフォーム（J-PlatPat）」の「◎特許・実用新案」を選んでください。

「検索キーワードボックス」に、たとえば、「ペットボトル　蛇腹　伸縮」と入力します。

「検索」をクリックしてください。

↓検索結果一覧「特許・実用新案（○○）」と件数が表示されます。

↓「文献番号」をクリックしてください。

「発明」の「書誌＋要約＋図面」が表示されます。

もっと詳しい内容も確認できます。「画面」の下のほうをみてください。

「請求の範囲」、「詳細な説明」、「図面」などが表示されます。

そこをクリックしてください。詳しい内容が確認できます。

なるほど、先行技術（先願）の「情報」が簡単に調べられるのですね。

4. 形「製品」に結びつける体験をしてみよう
「粘着テープ＋切り込み＝切り込みを付けた粘着テープ」

「粘着テープ」を一定の長さに切って使うとき、カッターやハサミなどで切るのが一般的です。ところが、テープを切るのに時間と手間がかかります。

そこで、「粘着テープ」を一定の長さに切って使うとき、カッターなどを使わなくても、簡単に、所定の長さに切れるように**「粘着テープ＋切り込み＝切り込みを付けた粘着テープ」**を考えました。

この**「粘着テープ＋切り込み＝切り込みを付けた粘着テープ」**の出願をしたい。……、という相談です。

本書では、図面（説明図）を公開すると、作品の内容が公開されてしまうので、「要約書」をみせていただきました。

【課題】粘着テープを一定の長さに切って使うとき、カッターやハサミなどを使わなくても、簡単に、しかも確実に所定の長さに切れるように切り込みを付けた粘着テープを提供する。
【解決手段】テープ本体（1）に一定の間隔にミシン目状の切り込み部（2）を設けた、切り込みを付けた粘着テープ。

……、と書いています。まとめ方がうまいですね。作品の内容もよくわかります。

▽《「粘着テープ＋切り込み＝切り込みを付けた粘着テープ」について、先行技術（先願）の「情報」》

「特許情報プラットフォーム（J-PlatPat）」の「◎特許・実用新案」を選んでください。

「検索キーワードボックス」に、たとえば、［粘着テープ　長さ　切り込み］と入力します。

「検索」をクリックしてください。

↓検索結果一覧「特許・実用新案（○○）」と件数が表示されます。

↓「文献番号」をクリックしてください。

「発明」の「書誌＋要約＋図面」が表示されます。

もっと詳しい内容も確認できます。「画面」の下のほうをみてください。

「請求の範囲」、「詳細な説明」、「図面」などが表示されます。

そこをクリックしてください。詳しい内容が確認できます。

なるほど、先行技術（先願）の「情報」が簡単に調べられるのですね。

5. 形「製品」に結びつける体験をしてみよう 「針＋目印＝目印を付けたホッチキスの針」

書類をとじるために、「ホッチキス」を使っているとき、「ホッチキス」の針は、残量がわからなくて、使っているとき、突然、針がなくなることがあります。

それで、空打ちしてはじめて針がないことに気がつきます。

悔しい思いをしながら針を補給する、といったことがなくなるように工夫した「**針＋目印＝目印を付けたホッチキスの針**」です。

この「**針＋目印＝目印を付けたホッチキスの針**」の出願をしたい。……、という相談です。

本書では、図面（説明図）を公開すると、作品の内容が公開されてしまうので、「要約書」

をみせていただきました。

【課題】　ホッチキスを使用している人に、ホッチキスの針の残量を簡単に知らせることができるように、たとえば、着色部と未着色部の目印を付けたホッチキスの針を提供する。
【解決手段】　ホッチキスの針（1）の最後部に目印を設けた針（2）を付けた、目印を付けたホッチキスの針。

……、と書いています。まとめ方がうまいですね。作品の内容もよくわかります。

▽《「**針＋目印＝目印を付けたホッチキスの針**」**について、先行技術（先願）の「情報」**》
「特許情報プラットフォーム（J-PlatPat）」の「◎特許・実用新案」を選んでください。

「**検索キーワードボックス**」に、たとえば、［ホッチキス　針　残量］と入力します。

「**検索**」をクリックしてください。

↓**検索結果一覧**「**特許・実用新案**（○○）」と件数が表示されます。

↓「**文献番号**」をクリックしてください。

「**発明**」の「書誌＋要約＋図面」が表示されます。

もっと詳しい内容も確認できます。「画面」の下のほうをみてください。「請求の範囲」、「詳細な説明」、「図面」などが表示されます。そこをクリックしてください。詳しい内容が確認できます。なるほど、簡単に先行技術（先願）の「情報」が調べられるのですね。

6．形「製品」に結びつける体験をしてみよう「定規＋分度器＝分度器を付けた定規」

文房具の「定規」、「分度器」は、それぞれ、別々になっています。そのため、図面を描くときに「定規」が用紙の下に入り、探すこともありました。また、「定規」が机の上にひろがり、邪魔になることもありました。

そこで、「定規」と「分度器」を一体化した「**定規＋分度器＝分度器を付けた定規**」を考えました。この「**定規＋分度器＝分度器を付けた定規**」の出願をしたい。……、という相談です。

本書では、図面（説明図）を公開すると、作品の内容が公開されてしまうので、「要約書」をみせていただきました。

【課題】　一度の操作で、角度を決めながら引く線の長さも定規の目盛りで決めることができるように工夫した、定規に分度器を付けた、分度器付き定規を提供する。
【解決手段】　定規（1）に分度器（2）を付けた分度器を付けた定規。

……、と書いています。まとめ方がうまいですね。作品の内容もよくわかります。

▽《「定規＋分度器＝分度器を付けた定規」について、先行技術（先願）の「情報」》

「**特許情報プラットフォーム（J-PlatPat）**」の「**◎特許・実用新案**」を選んでください。

「**検索キーワードボックス**」に、たとえば、［**分度器　定規**］と入力します。

「**検索**」をクリックしてください。

↓**検索結果一覧**「**特許・実用新案（○○）**」と件数が表示されます。

↓「文献番号」をクリックしてください。

「**発明**」の「書誌＋要約＋図面」が表示されます。

もっと詳しい内容も確認できます。「画面」の下のほうをみてください。

「請求の範囲」、「詳細な説明」、「図面」などが表示されます。

そこをクリックしてください。詳しい内容が確認できます。

なるほど、先行技術（先願）の「情報」が簡単に調べられるのですね。

7. 形「製品」に結びつける体験をしてみよう「つま楊枝＋占い＝占いができるつま楊枝」

作品（発明）は、レストランや料理店、家庭などで食事をするとき、「つま楊枝」を使って、簡単なゲームができるように工夫した「占いができるつま楊枝」です。

「つま楊枝＋占い＝占いができるつま楊枝」の話題で、食事のとき会話も弾みます。料理も美味しくいただけます。

つま楊枝の他端に占いの表示部を付けた「**つま楊枝＋占い＝占いができるつま楊枝**」です。

この「**つま楊枝＋占い＝占いができるつま楊枝**」の出願をしたい。……、という相談です。

本書では、図面（説明図）を公開すると、作品の内容が公開されてしまうので、「要約書」をみせていただきました。

【課題】 レストランや料理店、家庭などで食事をするとき、つま楊枝を使って簡単なゲームができるように工夫した「占いができるつま楊枝」で、食事を美味しくいただきながら、会話も弾み、占いができるつま楊枝を提供する。
【解決手段】 つま楊枝（1）の後端部に占いの表示部（2）とつま楊枝（1）を収納する容器（3）を設けて、容器（3）に前記つま楊枝（1）を収納し、容器（3）から一本だけ取り出して、占いができるつま楊枝。

……、と書いています。まとめ方がうまいですね。作品の内容もよくわかります。

▽**《「つま楊枝＋占い＝占いができるつま楊枝」について、先行技術（先願）の「情報」》**
「**特許情報プラットフォーム（J-PlatPat）**」の「◎特許・実用新案」を選んでください。

「**検索キーワードボックス**」に、たとえば、「**占い　つま楊枝**」と入力します。

「**検索**」をクリックしてください。↓**検索結果一覧**「**特許・実用新案（○○）**」と件数が表示されます。「**文献番号**」をクリックしてください。

「**発明**」の「書誌＋要約＋図面」が表示されます。

もっと詳しい内容も確認できます。「画面」の下のほうをみてください。

「請求の範囲」、「詳細な説明」、「図面」などが表示されます。

そこをクリックしてください。詳しい内容が確認できます。

なるほど、簡単に先行技術（先願）の「情報」が調べられるのですね。

8. 形「製品」に結びつける体験をしてみよう「まな板＋砥石＝砥石を付けたまな板」

「まな板」と包丁の「砥石」は、別々になっています。

それで、まな板の上で調理中に包丁の刃の切れ味が悪くなって、刃を研ぎたいときは、そのつど砥石を用意して刃を研いでいました。

そこで、いつでも、すぐに、包丁の刃を研げるように、「**まな板＋砥石＝砥石を付けたまな板**」を考えました。

この「**まな板＋砥石＝砥石を付けたまな板**」の出願をしたい。……、という相談です。

本書では、図面（説明図）を公開すると、作品の内容が公開されてしまうので、「要約書」

をみせていただきました。

【課題】　まな板の上で、包丁を使って、料理を作っているとき、刃の切れ味が悪くなっても、まな板に取り付けた砥石により、いつでも、その場で刃を研ぐことができるように工夫した、砥石を付けたまな板を提供する。
【解決手段】　まな板（1）に砥石（2）を付けた、砥石を付けたまな板。

……、と書いています。まとめ方がうまいですね。作品の内容もよくわかります。

▽**《「まな板＋砥石＝砥石を付けたまな板」について、先行技術（先願）の情報》**
「**特許情報プラットフォーム（J-PlatPat）**」の「◎特許・実用新案」を選んでください。

「**検索キーワードボックス**」に、たとえば、［**まな板　砥石**］と入力します。

「**検索**」をクリックしてください。
→検索結果一覧「**特許・実用新案（○○）**」と件数が表示されます。
↓「**文献番号**」をクリックしてください。

「**発明**」の「書誌＋要約＋図面」が表示されます。

もっと詳しい内容も確認できます。「画面」の下のほうをみてください。「請求の範囲」、「詳細な説明」、「図面」などが表示されます。そこをクリックしてください。詳しい内容が確認できます。なるほど、先行技術（先願）の「情報」が簡単に調べられるのですね。

9．形「製品」に結びつける体験をしてみよう「傘＋照明＝照明を付けた傘」

作品（発明）は、雨の日や暗闇の中で、足元などを照らすことができるように工夫した傘の柄に「**傘＋照明＝照明を付けた傘**」です。

たとえば、雨の日に街灯がない道を、傘をさして歩くとき、暗闇の水溜まりに誤って入ったりすることがありました。また、暗闇での玄関などの鍵の口を探すときや物を探すとき、手探りしたりして、時間がかかることがありました。

そこで、傘の柄の部分に「**傘＋照明＝照明を付けた傘**」を考えました。

この「**傘＋照明＝照明を付けた傘**」の出願をしたい。……、という相談です。

本書では、図面（説明図）を公開すると、作品の内容が公開されてしまうので、「要約書」をみせていただきました。

【課題】　雨の日の暗闇でも、ライトを照らすことによって、誤って水溜まりに入ることなく、雨の中の暗闇でも、探し物を簡単にみつけることができ、また、傘のライトを付けて歩けば、車の運転者に歩行者の存在を知らせることができる、照明を付けた傘を提供する。
【解決手段】　傘の柄（1）の先端部にライト（2）と、ライト（2）の柄の中に乾電池入れ（3）と、ライト（2）の上の柄にスイッチ（4）と、ライト（2）とスイッチ（4）の間の柄に乾電池と電球の交換口（5）を付けた、照明を付けた傘。

……、と書いています。まとめ方がうまいですね。作品の内容もよくわかります。

▽《「傘＋照明＝照明を付けた傘」について、先行技術（先願）の「情報」》
「特許情報プラットフォーム（J-PlatPat）」の「◎特許・実用新案」を選んでください。
「検索キーワードボックス」に、たとえば、「傘　照明」と入力します。
「検索」をクリックしてください。

↓**検索結果一覧**「**特許・実用新案**（○○）」と件数が表示されます。

↓「**文献番号**」をクリックしてください。

「**発明**」の「書誌＋要約＋図面」が表示されます。

もっと詳しい内容も確認できます。「画面」の下のほうをみてください。

「請求の範囲」、「詳細な説明」、「図面」などが表示されます。

そこをクリックしてください。詳しい内容が確認できます。

なるほど、簡単に先行技術（先願）の「情報」が調べられるのですね。

［第4章］

これで、ひと安心、「特許願」の「明細書」が自分の力で書ける

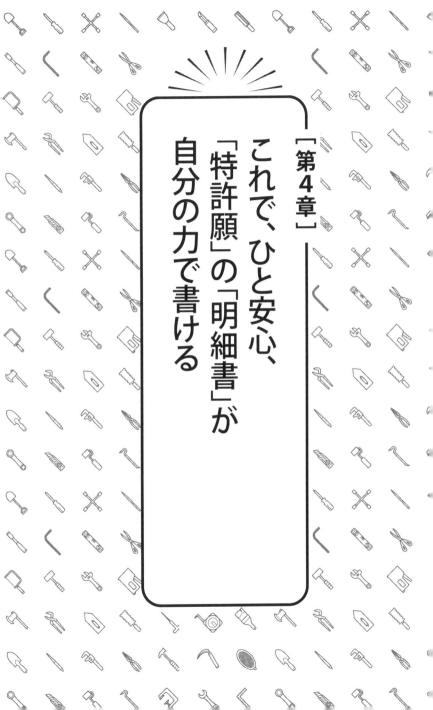

■発想を自分の権利にするには

――、どんな名案も出願しなければ、タダの案

この本を読んでいるうちに、いろいろな発想が生まれて、特許を取りたい、と思った人も少なくないはずです。

●出願しなければ、マネされても文句はいえない

▽《自分で「特許願」の書類を書いて、出願しよう》

そのときは、どんなに素晴らしい発明・アイデアを創作しても、出願をしなければ、権利にはならず、もし、誰かがマネをして、それを出願してしまえば、先に出願した人の勝ちです。

したがって、自分の権利を守りたい、○○の作品を形「製品」に結びつけたい、と思ったら、まず、特許庁に出願をしなければならないのです。そのときは、自分で書類を書いて、出願しましょう。

なぜでしょうか(!?)出願するのに、お金がかかるからです。専門家に頼むと大変です。一件、30万円も、50万円も、かかります。

▽**《「発明貧乏」、「出願貧乏」》**

町（個人）の発明家の人が、一件、また、一件、発明をするたびに、お金をつかっていたら、儲けるどころか、**「発明貧乏」**、**「出願貧乏」**になってしまいます。

だから、「特許願」の書類は、自分の力で書くことです。それなら、１４、０００円（出願料）ですみます。

▽**《先願がある「落第発明」かどうかを調べる》**

ムダを省くために、すでに、**先願**がある**「落第発明」**かどうかを調べて、その中になければ、出願の準備をしましょう。

ところで、「特許願」の書類を書くのは、むずかしい、と思っている人は、多いです。

それは、間違いです。自分で、書いてみると、意味がわかります。

「特許願」は、一定の形式にそって書いていれば、文章は、ヘタでも、内容がわかれば大丈夫です。

ただ、書き落としがあったら、困るので、初歩の人は、少し説明がくどいくらい、詳しく書くことです。

▽《「特許出願中」》

「特許願」は、出願が終われば、「特許出願中（ＰＡＴ・Ｐ）」でも、その発明を売ることができます。

嬉しいでしょう。特許は、発明者に、やさしい法律です。

1.「明細書」の書き方は、「手紙」を書くときと同じ要領で書ける

「特許願」の「**明細書**」は、○○の作品の内容を詳しく説明する書類です。

「出願の書類」の中で、一年生の発明家が一番書くのが大変だ、といっている書類です。

「特許願」に必要な書類は、「**願書**」、「**明細書**」、「**特許請求の範囲**」、「**要約書**」、「**図面**」です。

本当に簡単です。だから、実際に「**明細書**」を書いてみましょう。それが一番です。

書き方を知ると、案外とやさしいことがわかっていただけます。

そういうことをいっても、一年生の発明家は、どのように書き出しを書いていいのか、正直悩むでしょう。

たとえば、「手紙」を書いたことのない、子どもと一緒です。

たとえば、お友達に「**誕生祝い**」の案内の手紙を書いてみて、……、というのと同じです。

最初に、「**拝啓**」と書いて、
次は、「**時候見舞い**」を書いて、
それから、「**私の誕生祝いのご招待の案内です。**」……、と、書いて、
「**日時や場所など（用件）を……**」詳しく書いて、
「**よろしくお願いします。**」と書いて、
「**まずは、ご案内まで、**」と書いて、
そして、最後に、「**敬具**」と結ぶのよ、……。

のように、親は、子どもに、「**手紙**」の**書き方**や具体的な「**文の流れ**」を教えると思います。
そして、一緒に書く、と思います。

2. やさしい「明細書」は、書き方の基本形がある「消しゴムを付けた鉛筆」の「明細書」

「明細書」も同じです。すぐに、書けるようになります。すると、○○の作品の現金化が実現するのです。自分の力で、夢もつかめます。私と一緒に書いてみましょう。

やさしい「出願の書類」の書き方の題材は、**基本形**の「消しゴムを付けた鉛筆」です。

「**消しゴムを付けた鉛筆**」に登場するのは、**鉛筆**と、**消しゴム**と、**筒**です。

私は、いつも、最初に紹介しています。内容がとてもわかりやすいからです。

中学校の英語の時間に習った、「This is a pen」は、何年たっても忘れませんよね。

では、「出願の書類」を書いてみましょう。

あなたの○○の作品を形「製品」に結びつけて、「現金化」するための準備です。

▽《**特許庁**》

本書の説明では、「……です。」、「……ます。」調で、書いていますが、特許庁（〒100-8915 東京都千代田区霞が関3-4-3）に提出する「書類の書き方」は、「……である。」調です。書き方の見本も、「……である。」調で書きます。

「特許願」の書き方は、１行、40字詰め、１ページは、50行以内で、横書きです。紙面の都合上、本書で説明する各種書類の形式が規則（特許法施行規則）どおりになっていません。あらかじめご了承ください。

◆手づくりで作った「消しゴムを付けた鉛筆」の試作品

「消しゴムを付けた鉛筆」は、アメリカの画家のハイマンが考えた発明（作品）です。ハイマンは、売れない画家でした。貧乏で消しゴムを気軽に買えなかったのでしょう。それで、消しゴムが小さくなっても、まだ、大事に使っていたのです。

▽《何が問題（欠点）だったのか》

形が小さな消しゴムは、床に転げ落ちたり、紙、物の間にもぐり込んだりして終始みえなくなっていたのです。デッサンをしながら、いつも、消しゴムを探すのに苦労していたそうです。

これでは、落ちついて絵も描けないでしょう。

▽《解決策は、どのような方法を考えたのか》

そこで、ハイマンが考えたのは、鉛筆の軸に消しゴムを糸で巻き付ける方法です。試してみました。すると、消しゴムが不安定で、使いにくいことがわかりました。

▽《どうやって、問題を解決できたのか》

その後、思考錯誤を繰り返しました。
その中で、一番うまくできたのが鉛筆の軸（1）の一端に小さな形の消しゴム（3）を筒（2）で鉛筆の軸（1）をくっつけて、**鉛筆と消しゴムを一体化**する方法でした。

【図1】

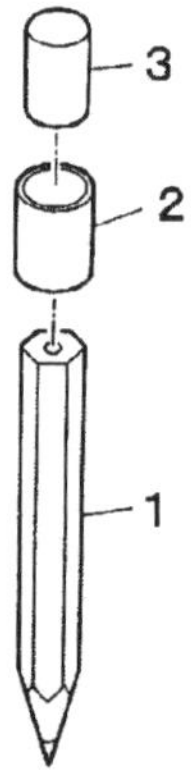

【図2】

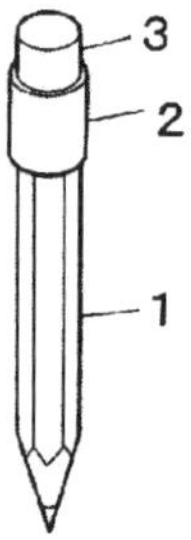

1 鉛筆の軸、2 筒、3消しゴム

「**明細書**」は、発明者が特許庁の長官に、○○の発明（作品）の内容を詳しく書いて送る手紙です。

次のような「項目」を書きます。そして、発明（作品）の内容を詳しく説明します。

【技術分野】、**【背景技術】**　発明の概要（あらまし）や、いままでの○○の作品は、どんな物品の形状や構造のものがあったのか、を書きます。

【発明が解決しようとする課題】　従来（いままで）のもの（製品）の構造上の欠点、使い方などの「課題（問題）」を書きます。

【発明を解決するための手段】　次に、この「課題（問題）」を解決するために、どのような物品の形状や構造にしたのか（!?）

その欠点を除くために考えた構成（しくみ）を書きます。

【発明の効果】　以上のような構成です。だから、このような効果が生まれました。

……と説明します。

【発明を実施するための形態】　発明の内容の詳細を書きます。続けて「**使い方**」を説明します。さらに、その発明の他に**応用例**（**実施例**）があれば書きます。

個条書きか、短文で書くとまとめやすいです。しかも、内容もわかりやすく、他の人（第三者）に伝わります。

▽**《改良案》**

改良案は、他のこのようなところにも利用できます。また、このような方法でもできます。

……、といった、実施例（他の実施例）を書きます。

そこで、本書で紹介している事例を2～3回、読んでいただけませんか。そして、同じ要領で書いてみてください。これらの内容を整理して、まとめた書類が「明細書」です。

◆**「特許請求の範囲」、「要約書」は、「明細書」の一部を「コピペ」すれば、作成できる**

「**明細書**」が書ければ、「**特許請求の範囲**」は、「**明細書**」の**【発明を解決するための手段】**を、「**要約書**」は、「**明細書**」の**【技術分野】**と、**【発明を解決するための手段】**を「**コピペ**」すれば、作成できます。

▽**《コピペ》**

コピペとは、「**コピー・アンド・ペースト（Copy and Paste）**」の略語です。

コピー（Copy）は、**複製**です。**ペースト（Paste）**は、**貼りつける**ことです。

3.「明細書」の形式と「そのまま使える書き方」

▽《「書き方の順序」、「決まった文句」がある》

最初は、各項目の書き方がむずかしい。……、と思うかもしれませんが、じつは、すべての発明（作品）に使えます。

▽**《そのまま使える書き方》**

あなたの○○の発明（作品）の内容を、そこへ、あてはめて書くだけでいいのです。

だから、一年生の発明家でも、大丈夫です。あとは、この形式にあてはめて書くだけです。

スラスラ書けます。……、では、私と一緒に書いてみましょう。

●「明細書」の形式「どんな項目を書くのか」……、これだけです。

【書類名】　明細書

【発明の名称】

【技術分野】　【０００１】

【背景技術】【０００２】
【先行技術文献】
【特許文献】【０００３】
【特許文献1】
【発明の概要】
【発明が解決しようとする課題】【０００４】
【課題を解決するための手段】【０００５】
【発明の効果】【０００６】
【図面の簡単な説明】【０００７】
【発明を実施するための形態】【０００８】
【符号の説明】【０００９】

用紙の大きさは、「A４」（横21㎝、縦29・７㎝）の白紙です。左右、および、上下に各々２㎝の余白を取ります。左右は、２・３㎝を越えないようにしてください。

なお、「明細書」は、何枚になっても結構です。複数ページになったときは、右上端にページ数の番号を「－１－」、「－２－」、……、のように書きます。

そのまま使える書き方
各項目に、あてはめて書くだけ。

-1-

【書類名】　明細書
【発明の名称】　○○○○
【技術分野】【０００１】
本発明は、……………………………………○○○○に関するものである。
※○○○○には、「発明の名称」を書きます。
【背景技術】【０００２】
従来、…………………………………………………………………………。
【先行技術文献】
【特許文献】【０００３】
【特許文献１】　特開○○○○－○○○○○○○号公報
【発明の概要】
【発明が解決しようとする課題】【０００４】
これは、次のような欠点があった。
（イ）…………………………………………………………………………。
（ロ）…………………………………………………………………………。
本発明は、以上のような欠点をなくすために考えたものである。
【課題を解決するための手段】【０００５】
…………………………………………………………………………。
本発明は、以上の構成よりなる○○○○である。
【発明の効果】【０００６】
（イ）…………………………………………………………………………。
（ロ）…………………………………………………………………………。
【図面の簡単な説明】【０００７】
【図１】　本発明の○○図である。
【図２】　本発明の○○図である。
【発明を実施するための形態】【０００８】
以下、本発明を実施するための形態について説明する。
…………………………………………………………………………。
本発明は、以上のような構造である。
本発明を使用するときは、………………………………………………。

【符号の説明】【０００９】
１○○○、２○○○、３○○○、…………

4. 発明には、「現金化」の夢がある・成功事例がある

「洗濯機の糸くず取り具」の「明細書」

現金化の夢がある・成功事例は、「洗濯機の糸くず取り具」です。

「図面」は、上から順番に、【図1】は、柄を付けた「糸くず取り具」の試作品の斜視図です。【図2】は、吸盤を付けた「糸くず取り具」の斜視図です。【図3】は、小さな浮袋を付けた「糸くず取り具」の斜視図です。心を込めて、改良をくりかえしたのです。

【図1】

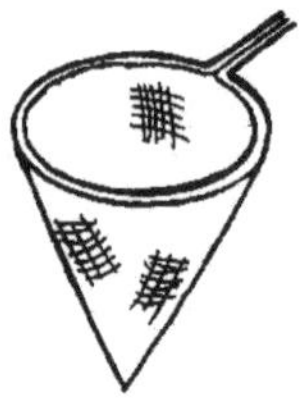

【図2】

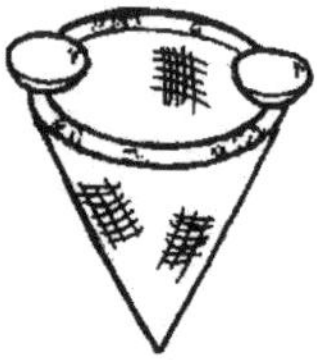

【図3】

「洗濯機の糸くず取り具」は、超有名な町（個人）の発明家の笹沼さんが考えた発明（作品）です。

□図面（説明図）を描いて、大きさ（寸法）を決めて、手づくりで、「試作品」を作りました。

□テスト（実験）をしました。

□本当にうまくいくか、効果を確認しました。

□その結果をまとめて、その都度、満足するまで、改良を加えたのです。

【書類名】　図面

【図1】

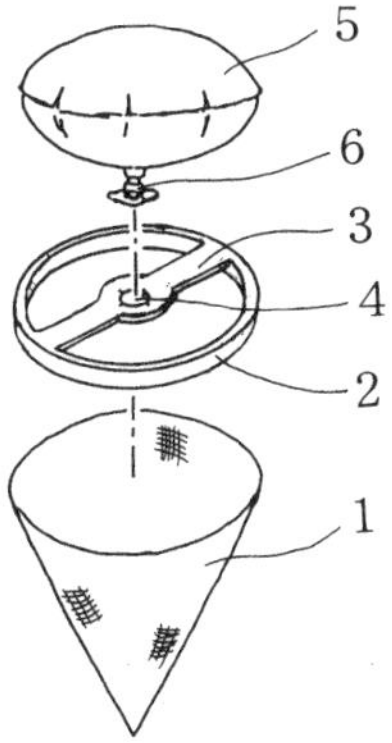

【図2】

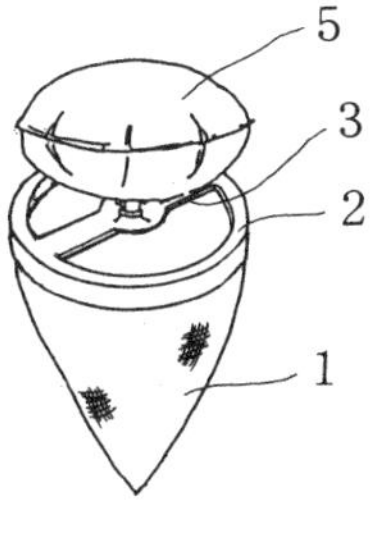

1　網袋　2　枠　3　支軸　4　取り付け穴　5　空気袋　6　空気入れ口

▽《「洗濯機の糸くず取り具」は、十数件目の作品》

試作品の材料は、身近にある物を使っています。その結果、形「製品」に結びついたのです。

みなさんも、多くの案の中で、これなら！　と思うものを選ぶのです。得意な分野です。だから、自分で判断ができます。

「洗濯機の糸くず取り具」のスポンサーになったのが、ダイヤ（株）です。

▽《「洗濯機の糸くず取り具」は、約3億円》

笹沼さんは、約3億円「ロイヤリティ（特許の実施料）」をいただきました。「現金化」したのです。

このように素晴らしい作品は、形（製品）に結びつくから、発明は楽しいのです。

発表して、2年目に、当時の松下電器が、1つずつ、洗濯機の糸くず取り具を洗濯機に付けることになりました。ここだけで、月に約15万個も売れたのです。

まさに「社外アイデア」を採用して、ヒット商品を生んだ好例です。その製品が「クリーニングボール」です。

笹沼さんは、どのような書類にまとめたのか、気になりませんか（!?）

では、一緒に書いてみましょう。手づくりで、自分の力で、「特許願」にまとめるのです。

◆「洗濯機の糸くず取り具（クリーニングボール）」の説明図

発明（作品）は、洗濯をしているとき、水中にただよったり、浮いている糸くず、綿ぼこりを、洗濯をしている間に、自動的に取り除く、「洗濯機の糸くず取り具」です。

網袋（１）の開口部に、枠（２）を設け、枠（２）に支軸（３）を設け、支軸（３）の中央に取り付け穴（４）を設け、空気袋（５）に空気入れ口（６）を設け、空気袋（５）を支軸（３）に取り付けた「洗濯機の糸くず取り具」です。

5．「明細書」の形式に整理してみよう

□「消しゴムを付けた鉛筆」・□「洗濯機の糸くず取り具」

それでは、「特許願」を意識して、書き方の基本形「消しゴムを付けた鉛筆」、成功事例「洗濯機の糸くず取り具」、どのようにまとめるのか、一緒に書いてみましょう。

おつきあいください。自分の力で「明細書」が書けます。

●**「明細書」**の題名を**「【書類名】 明細書」**と書きます。

●**【発明の名称】**を書きます。作品の内容を簡単、明瞭にあらわすような名称を付けます。

●**【技術分野】**は、その発明のあらまし「技術分野」を2~3行にまとめ、発明の大略を書きます。**「発明の名称」**より少しだけ長文にしてください。特許庁の審査官が、そこを読みます。そのとき、作品のアウトラインがわかるように書けばいいのです。

【書類名】 明細書
【発明の名称】 消しゴムを付けた鉛筆
【発明の名称】 洗濯機の糸くず取り具
【技術分野】
本発明は、……………消しゴムを付けた鉛筆**に関するものである。**
本発明は、……………洗濯機の糸くず取り具**に関するものである。**

たとえば、次のように書きます。

【書類名】　明細書
【発明の名称】　消しゴムを付けた鉛筆
【技術分野】
本発明は、鉛筆の軸の一端に小さな消しゴムを設けた消しゴムを付けた鉛筆**に関するものである。**

【書類名】　明細書
【発明の名称】　洗濯機の糸くず取り具
【技術分野】
本発明は、洗濯中に洗濯機内の水中にただよう糸くず、綿ぼこりを自動的に取り除くようにした、洗濯機の糸くず取り具**に関するものである。**

● **【背景技術】、【先行技術文献】**を書きます。
「背景技術」には、従来、どんな「物品の形状」、「物品の構造」のものがあったのか、書きます。

続けて、「先行技術文献」を書きます。

従来の作品の課題を書くことによって、そのあとにのべる自分の作品がいかに効果的か、浮きぼりにさせるわけです。

【背景技術】

従来、鉛筆と消しゴムは別々になっていた。

【先行技術文献】

【特許文献】

【特許文献1】　特開○○○○－○○○○○○号公報

【背景技術】

従来、洗濯機の性能は良くなった。

ところが、セーター、ワイシャツなどを洗ったとき、糸くず、綿ぼこりまで、吸い取ってしまうようになった。

そのとき、衣類から出た、糸くず、綿ぼこりが、水中をただよったり、浮いてしまう（特許文献1参照）。

【先行技術文献】

【特許文献】

【特許文献1】　特開○○○○－○○○○○○号公報

●「発明の概要」は、「発明が解決しようとする課題」、「課題を解決するための手段」、「発明の効果」を書きます。

「発明の概要」は、次の項目にわけます。「発明が解決しようとする課題」、「課題を解決するための手段」、「発明の効果」です。

「**発明が解決しようとする課題**」は、○○の発明に、どんな課題があったのか、を書きます。

その「課題（構造の欠点、使用上の問題点）」は、どこか、何か、……、と、「欠点列挙法」で調べてみました。

「課題（問題）」をどのような方法で解決したのか、説明します。

この課題（問題）を解決するために、どのような物品の形状、物品の構造にしたのか、……、を書きます。

「**課題を解決するための手段**」を書きます。

「**発明の効果**」を書きます。

「発明の効果」は、「発明が解決しようとする課題」に書いた、いままでの発明の課題（問題）を解決した点が「発明の効果」になります。

なるほど、と感心させられる効果「発明の効果」を書きます。

【発明の概要】

【発明が解決しようとする課題】

これは、次のような欠点があった。

（イ）従来、消しゴムは何度も使っていると、形が小さくなるので使いにくかった。

（ロ）その消しゴムが必要になったとき、探しても形が小さいので、消しゴムが見つけにくく、困ることが多かった。

本発明は、以上のような欠点をなくすためになされたものである。

【課題を解決するための手段】

鉛筆の軸の一端に筒を取り付け、筒に消しゴムを取り付ける。

本発明は、以上の構成よりなる消しゴムを付けた鉛筆である。

【発明の効果】

(イ)消しゴムが鉛筆の軸と一体になっているので、消しゴムが必要になったときでも、探す手間が省ける。

(ロ)小さな消しゴムでも、鉛筆を柄とするため、使うのになんらさしつかえない。

【発明の概要】

【発明が解決しようとする課題】

これは、次のような欠点があった。

(イ)洗濯物を洗って干すとき、衣類、黒色の靴下などの表面に点々と糸くず、綿ぼこりが付着していた。それが目立ち、見苦しかった。

(ロ)洗濯物を干したあとで、片付けるとき、衣類に付着した糸くず、綿ぼこりを、一つひとつ手で取り除いていた。

これは、きわめてわずらわしい作業であった。
（ハ）衣類の生地を傷める原因にもなっていた。
本発明は、以上のような欠点をなくすためになされたものである。

【課題を解決するための手段】

網袋（1）の開口部に、枠（2）を設け、枠（2）に支軸（3）を設け、支軸（3）の中央に取り付け穴（4）を設け、空気袋（5）に空気入れ口（6）を設け、空気袋（5）を支軸（3）に取り付ける。

本発明は、以上の構成よりなる洗濯機の糸くず取り具**である。**

【発明の効果】
（イ）洗濯機の中に、本発明品を浮かせておくだけで、糸くず、綿ぼこりを、洗濯をしている間に自動的に取り除くことができる。
（ロ）衣類の生地を傷めることもなくなる。
（ハ）空気袋（5）をふくらませると大きくなるが、空気を抜くと小さくなり、大きさを自在にできるので、輸送と保管が便利である。
【発明を実施するための形態】は、この作品が、このような構成です。

だから、その使い方はこうします。……のように書くのです。

「**発明を実施するための形態**」です。ここで、発明の内容を詳しく説明します。

本発明は、こういうところにも利用できます。……、というように「実施例」も書いてください。

以上のような順序で書きます。すると、素晴らしい説明文ができます。

【発明を実施するための形態】

以下、本発明を実施するための形態について説明する。

鉛筆の軸（１）の上部の一端に、金属性の円筒（２）を取り付ける。

円筒（２）に円柱状の消しゴム（３）を差し込む。

円筒（２）をかしめ、消しゴム（３）を鉛筆の軸（１）に固定する。

本発明は、以上のような構造である。

本発明を使用するときは、鉛筆の軸と一体になった、この小さな消しゴムで、鉛筆の柄を持って、間違った文字などを消すことができる。

【発明の実施をするための形態】

以下、本発明の実施をするための形態について説明する。

細かい網目からなる円すい状の網袋（1）の開口部に、枠（2）を設ける。

枠（2）に支軸（3）を設ける。

支軸（3）の中央に取り付け穴（4）を設ける。

空気袋（5）に空気取り口（6）を設ける。

空気袋（5）を支軸（3）に取り付ける。

本発明は、以上のような構造である。

本発明を使用するときは、空気入れ口（6）から空気袋（5）に空気を入れて、ふくらませたあと、枠（2）に取り付ける。

そのあとで、洗濯機の中に投入しておく。

そうすると、次のような要領で、糸くず、綿ぼこりが洗濯をしている間に、自動的に取り除けるようになった。

洗濯機の中で、洗濯水は回転しながら中心でうずを巻いている。

したがって、円すい状の網袋（1）の先端は、洗濯機の底の方へ引かれ、網袋（1）の開口部は空気袋（5）によって、いつも上を向きながら浮き沈みする。

　そこで、洗濯水は、網袋（1）の開口部から入り、網袋（1）の先端から抜ける。

　このとき、網袋（1）の網目で洗濯水を濾過して、糸くず、綿ぼこりだけが取れる。


　これらの内容を整理して、出願の書類の形式にまとめたのが「明細書」です。

「明細書」は、以上のように書くと、素晴らしい説明文ができます。

　書き終えた感想は、いかがですか。……、初心者でも、書けるような気がしたでしょう。

　簡単だったでしょう。さっそくですが、あなたの素晴らしい、○○の作品の「**明細書**」を同じように書いてみてください。素晴らしい「**明細書**」が書けます。

■「消しゴムを付けた鉛筆」の「特許願」

　それでは、「消しゴムを付けた鉛筆」、どのような書類にまとめたのか、一緒に研究して書いてみましょう。おつきあいください。

　そして、あなたが、【発明者】、【特許出願人】になって、出願の書類を書いてみましょう。

◆誰でも書ける、「消しゴムを付けた鉛筆」の「願書」の形式と見本

（14、000円）

【書類名】　特許願

【整理番号】　P－2023－01

【提出日】　令和○年○月○日

【あて先】　特許庁長官　殿

【国際特許分類】

【発明者】

【住所又は居所】　○○県○○市○○町○丁目○番○号

【氏名】　○○　○○

【特許出願人】

【識別番号】

【住所又は居所】　○○県○○市○○町○丁目○番○号

【氏名又は名称】　○○　○○

【電話番号】　○○－○○○○－○○○○
【提出物件の目録】
【物件名】　明細書　１
【物件名】　特許請求の範囲　１
【物件名】　要約書　１
【物件名】　図面　１

◆誰でも書ける、「消しゴムを付けた鉛筆」の「明細書」の形式と見本

【書類名】　明細書
【発明の名称】　消しゴムを付けた鉛筆
【技術分野】
【０００１】
本発明は、鉛筆の軸の一端に小さな消しゴムを設けた消しゴムを付けた鉛筆に関するものである。

【背景技術】

【０００２】

従来、鉛筆と消しゴムは別々になっていた。

【先行技術文献】

【特許文献】

【０００３】

【特許文献１】　特開○○○○－○○○○○○号公報

【発明の概要】

【発明が解決しようとする課題】

【０００４】

これは次のような欠点があった。

従来、消しゴムは、何度も使っていると、小さくなってしまう。

その消しゴムが必要になったとき探しても小さくなっているので、消しゴムが見つけにくく困ることが多かった。

本発明は、以上のような欠点をなくすためになされたものである。

【課題を解決するための手段】

【0005】

鉛筆の軸（1）の一端に筒（2）を設け、筒（2）に消しゴム（3）を設ける。

本発明は、以上の構成よりなる消しゴムを付けた鉛筆である。

【発明の効果】

【0006】

消しゴムが鉛筆の軸と一体になっているので、消しゴムが必要になったときでも、探す手間が省ける。

小さな消しゴムでも、鉛筆が柄になるため、使うのになんらさしつかえない。

【図面の簡単な説明】

【0007】

【図1】　本発明の斜視図である。

【図2】　本発明の分解斜視図である。

【発明を実施するための形態】

【0008】

以下、本発明を実施するための形態について説明する。

鉛筆の軸（1）の上部の一端に、金属製の円筒（2）を設ける。

円筒（2）に円柱状の小さな消しゴム（3）を差しこむ。

円筒（2）をかしめ、消しゴム（3）を鉛筆の軸（1）に固定する。

本発明は、以上のような構造である。

本発明を使用するときは、鉛筆の軸と一体になった、この小さな消しゴムで鉛筆の柄をもってまちがった文字などを消せばいい。

【符号の説明】

【0009】
1　鉛筆の軸、2　筒、3　消しゴム

◆誰でも書ける、「消しゴムを付けた鉛筆」の「特許請求の範囲」の形式と見本

【書類名】　特許請求の範囲
【請求項1】

鉛筆の軸（1）の一端に筒（2）を設け、筒（2）に消しゴム（3）を設ける。
本発明は、以上の構成よりなる消しゴムを付けた鉛筆。

◆誰でも書ける、「消しゴムを付けた鉛筆」の「要約書」の形式と見本

【書類名】　要約書
【要約】
【課題】　小さくなった消しゴムを使うとき、使いやすいように、鉛筆の軸の一端に消しゴムを設けた消しゴムを付けた鉛筆を提供する。
【解決手段】　鉛筆の軸（1）の一端に筒（2）を設け、筒（2）に消しゴム（3）を設けた消しゴムを付けた鉛筆を特徴とする。
【選択図】　図1

◆誰でも描ける、「消しゴムを付けた鉛筆」の「図面」の描き方・見本

【書類名】 図面

【図1】

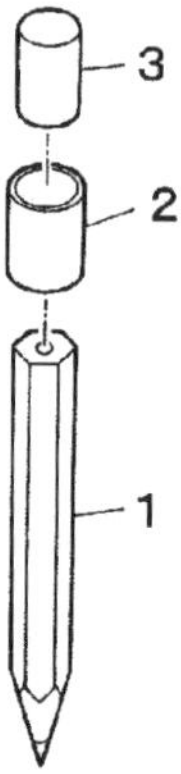

【図2】

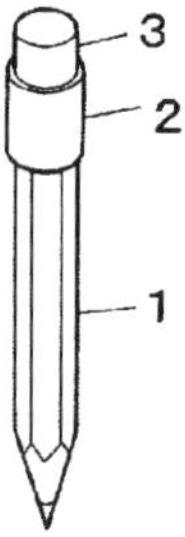

1 鉛筆の軸、2 筒、3消しゴム

■「洗濯機の糸くず取り具」の「特許願」

それでは、ヒット商品になった、成功事例「洗濯機の糸くず取り具」、どのような書類にまとめたのか、一緒に研究して書いてみましょう。

そして、あなたが、【発明者】、【特許出願人】になって、億万長者になったつもりで、出願の書類をまとめてみましょう。ワクワクしますよ。

◆誰でも書ける、「洗濯機の糸くず取り具」の「願書」の書き方・見本

（14、000円）

【書類名】　特許願
【整理番号】　P－2023－02
【提出日】　令和○年○月○日
【あて先】　特許庁長官　殿
【国際特許分類】
【発明者】
　【住所又は居所】　○○県○○市○○町○丁目○番○号
　【氏名】　○○　○○
【特許出願人】
　【識別番号】

【住所又は居所】　○○県○○市○○町○丁目○番○号
【氏名又は名称】　○○　○○○
【電話番号】　○○－○○○○－○○○○
【提出物件の目録】
【書類名】　明細書　1
【書類名】　特許請求の範囲　1
【書類名】　要約書　1
【書類名】　図面　1

◆誰でも書ける、「洗濯機の糸くず取り具」の「明細書」のまとめ方

【書類名】　明細書
【発明の名称】　洗濯機の糸くず取り具
【技術分野】
【0001】

本発明は、洗濯中に洗濯機内の水中にただよう糸くず、綿ぼこりを自動的に取り除くようにした、洗濯機の糸くず取り具に関するものである。

【背景技術】

【０００２】

従来の洗濯機は、性能は良くなったが、セーター、ワイシャツなどを洗ったとき、糸くず、綿ぼこりまで、吸い取ってしまうようになった。

その結果、衣類から出た、糸くず、綿ぼこりが、水中をただよったり、浮いてしまう（特許文献１参照）。

【先行技術文献】

【特許文献】

【０００３】

【特許文献１】　特開〇〇〇〇－〇〇〇〇〇〇号公報

【発明の概要】

【発明が解決しようとする課題】

【０００４】

これは、次のような欠点があった。
（イ）洗濯物を洗って干すとき、衣類、黒色の靴下などの表面に点々と糸くず、綿ぼこりが付着していた。それが目立ち、見苦しかった。
（ロ）洗濯物を干したあとで、片付けるとき、衣類に付着した糸くず、綿ぼこりを、一つひとつ手で取り除いていた。
これは、きわめてわずらわしい作業であった。
（ハ）衣類の生地を傷める原因にもなっていた。
本発明は、以上のような欠点をなくすためになされたものである。

【課題を解決するための手段】

【０００５】

網袋（１）の開口部に、枠（２）を設け、枠（２）に支軸（３）を設け、支軸（３）の中央に取り付け穴（４）を設け、空気袋（５）に空気入れ口（６）を設け、空気袋（５）を支軸（３）に取り付ける。

本発明は、以上の構成よりなる洗濯機の糸くず取り具である。

【発明の効果】

【０００６】
（イ）洗濯機の中に、本発明品を浮かせておくだけで、糸くず、綿ぼこりを自動的に取り除くことができる。
（ロ）衣類の生地を傷めることもなくなる。
（ハ）空気袋（５）をふくらませると大きくなるが、空気を抜くと小さくなり、大きさを自在にできるので、輸送と保管が便利である。

【図面の簡単な説明】

【０００７】
【図１】本発明の斜視図である。
【図２】本発明の分解斜視図である。

【発明の実施をするための形態】

【０００８】
以下、本発明の実施をするための形態について説明する。
細かい網目からなる円すい状の網袋（１）の開口部に、枠（２）を設ける。
枠（２）に支軸（３）を設ける。

支軸（3）の中央に取り付け穴（4）を設ける。

空気袋（5）に空気取り口（6）を設ける。

空気袋（5）を支軸（3）に取り付ける。

本発明は、以上のような構造である。

本発明を使用するときは、空気入れ口（6）から空気袋（5）に空気を入れて、ふくらませたあと、枠（2）に取り付ける。

そのあとで、洗濯機の中に投入しておく。

そうすると、次のような要領で、糸くず、綿ぼこりが、洗濯をしている間に、自動的に取り除けるようになった。

洗濯機の中で、洗濯水は回転しながら中心でうずを巻いている。

したがって、円すい状の網袋（1）の先端は、洗濯機の底の方へ引かれ、網袋（1）の開口部は空気袋（5）によって、いつも上を向きながら浮き沈みする。

そこで、洗濯水は、網袋（1）の開口部から入り、網袋（1）の先端から抜ける。

このとき、網袋（1）の網目で洗濯水を濾過して、糸くず、綿ぼこりだけが取れる。


【符号の説明】

【０００９】
１　網袋、２　枠、３　支軸、４　取り付け穴、５　空気袋、６　空気入れ口

◆**誰でも書ける「洗濯機の糸くず取り具」の「特許請求の範囲」のまとめ方・見本**

【書類名】　特許請求の範囲
【請求項１】
網袋の開口部に、枠を設け、枠に支軸を設け、支軸の中央に取り付け穴を設け、空気袋に空気入れ口を設け、空気袋を支軸に取り付けた洗濯機の糸くず取り具。

◆**誰でも書ける「洗濯機の糸くず取り具」の「要約書」のまとめ方・見本**

【書類名】　要約書
【要約】
【課題】　本発明は、洗濯中に洗濯機内の水中にただよったり、浮いている糸くず、綿ぼこり

を自動的に取り除くようにした、洗濯機の糸くず取り具を提供する。

【解決手段】網袋の開口部に、枠を設け、枠に支軸を設け、支軸の中央に取り付け穴を設け、空気袋に空気入れ口を設け、空気袋を支軸に取り付けたことを特徴とする。

【選択図】図1

◆誰でも描ける「洗濯機の糸くず取り具」の「図面」の描き方・見本

【書類名】図面
【図1】
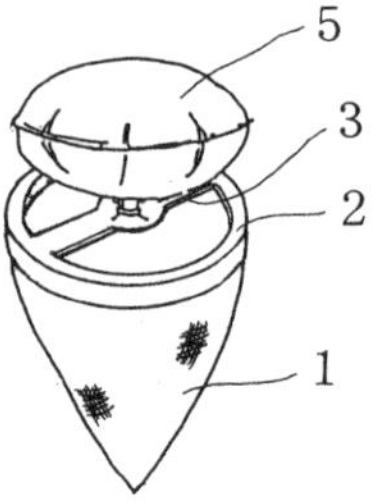

【図2】
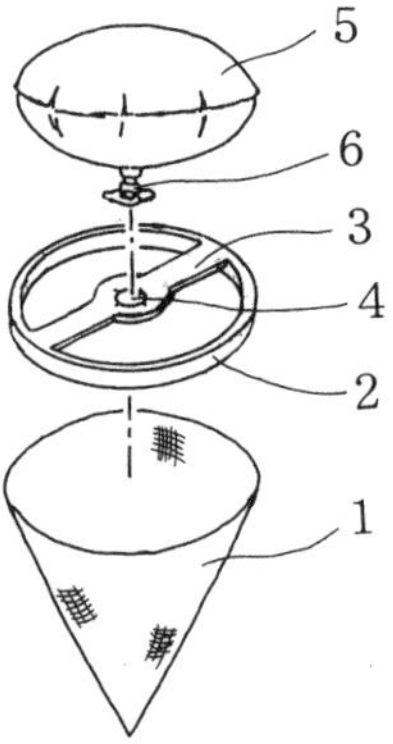

1 網袋、2 ワク、3 支軸、4 取り付け穴、5 空気袋、6 空気入れ口

今度は、あなたの素晴らしい○○の作品を出願の書類にまとめましょう。**基本形**「**消しゴムを付けた鉛筆**」と、**成功事例**「**洗濯機の糸くず取り具**」と同じ要領で、まとめるだけです。。

書類ができたら、形式のチェックなど、お手伝いします。ＵＳＢメモリーにデータをコピーして、お送りいただくか、ご持参ください。「一回（一件）・体験相談」ができます。

《参考図書》

「書類の書き方」は、拙書『思いつき・ヒラメキがお金になる！　簡単！　ドリル式で特許願書がひとりで書ける 成功・勝利への近道』（日本地域社会研究所刊）、『完全マニュアル！発明・特許ビジネス 発想から特許出願・商品化までノウハウ教えます』（同）、「図面の描き方」は、拙著『３Ｄ「立体図」作画の基礎知識』（日本地域社会研究所刊）、『３Ｄ「立体図」は伝えるチカラになる』（同）などがあります。

［第5章］
まとめよう！
これで、○○の作品の、「現金化」ができる！

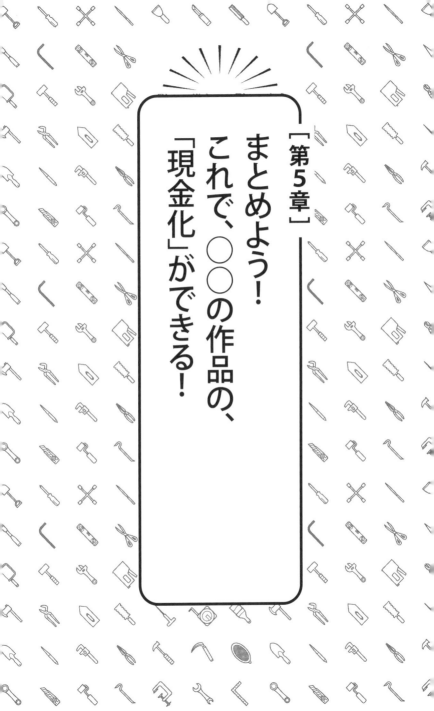

1．「現金化」するために、「契約書」を書いてみよう！

【ここが、チェックポイント】

「契約金」、**「ロイヤリティ（特許の実施料）」**は、どれくらいですか（!?）
作品の内容と種類にもよりますが、平均的にいうと、次のようになります。
□**「契約金」**…10万～100万円くらいです。
□**「ロイヤリティ（特許の実施料）」**…2～5％くらい、というのが一般的です。

特許（発明）の売買の契約は、両方に欲が出ます。
だから、立会人に、仲に立っていただいたほうがうまくまとまりやすいです。
それで、一般社団法人 発明学会（会員組織）に仲介の労を頼む人が多いです。
「契約書」の書き方は、普通の民法によるものと同じです。
そこで、「契約書」の書き方の一例を紹介しましょう。次の通りです。

◆「契約書」の見本

契　約　書

甲（権利者）○○県○○市○○町○丁目○番○号
○○　○○

乙（使用者）○○県○○市○○町○丁目○番○号
○○○○　株式会社
取締役社長　○○　○○

甲と乙は、次の特許出願中の条項について一般社団法人 発明学会立会のもとに専用実施権の設定契約をする。

第一条　甲と乙は、次の特許願について契約をする。
特願○○○○－○○○○○号　発明の名称　○○○○

第二条　専用実施権及び権利発生後の専用実施権の範囲は次の通りとする。

期間　契約の日より権利存続中
内容　全範囲　　　地域　国内

第三条　乙は、この本契約について、質権を設定し又は他人に実施を設定してはならない。ただし、甲乙協議によって実施者を設定することができる。

第四条　乙は、自己の費用をもって権利発生後の専用実施権設定登録の手続をすることができる。

第五条　この契約によって乙は甲に対し、実施契約金として○○万円、実施料として卸し価格の○％の使用料を支払うものとする。

第六条　前条の使用料は経済事情その他に著しい変動が生じたときは、甲乙協議の上でこれを変動することができる。
協議がととのわないときは、立会人 の一般社団法人 発明学会の意見にしたがう。
すでに支払われた実施契約金及び使用料は理由のいかんを問わず甲は乙に返還しない。

第七条　使用料の支払は、毎月○○日締切りとし、翌月○○日までに、甲の指定する金融機関 ○○銀行 ○○支店　普通預金口座 ○○○○（口座番号 ○○○○）に振り込み、全額支払いをする。

第八条　甲は、一般社団法人 発明学会を通じて必要に応じて乙からこの本契約の実施の状況、その他の必要な事項についてその報告を求めることができる。
第九条　乙は、契約の日より1年以内に製造販売し、また、特別の事情がない限り1年以上にわたり製造を中止してはならない。
第十条　この本契約については虚偽の報告その他不法行為等があったときは、甲は損害賠償の請求をすることができる。
第十一条　第二条、第三条、第五条より第十条について、乙又は甲が違反した場合立会人一般社団法人 発明学会の了解のもとにこの契約を解除することができる。
第十二条　その他細則については、そのつど書面で定める。

以上の契約を証するため、本書3通を作成し署名捺印の上各自その1通を所持する。

令和○年○月○○日

甲　○○県○○市○○町○丁目○番○号
○○　○○　(印)

乙　○○県○○市○○町○丁目○番○号
○○○○　株式会社
取締役社長　○○　○○　㊞
立会人　東京都新宿区余丁町7番1号
一般社団法人 発明学会
会長　中本　繁実　㊞

2.「発明コンクール」で、入賞をめざそう

●「各種発明コンクール」、随時開催されている

社外の「発明・アイデア」を求めている会社が協賛している「発明コンクール」は、作品を形「製品」に結びつけたい、町（個人）の発明家の「**登竜門**」です。

一般社団法人 発明学会（会員組織）で、社外の発明・アイデアを求めている会社が協賛し

ている「各種発明コンクール」、随時開催されています。

「発明学校」に入学したばかりの人は、ぜひ「発明コンクール」に応募してください。
○○の作品の「市場性」、「新規性」、「製品化性」などの評価、気になりませんか（!?）
確認ができますよ。それが「発明コンクール」です。……、スポーツと同じです。
○○の作品の「**製品力**」を試すときには、試合に参加してみることが一番です。
その結果、コンクールで入賞すると、「**契約金は、10万～100万円**」＋「**ロイヤリティ（特許の実施料）**」は、２～５％で、形「製品」に結びつく可能性も出てきます。

●「特許願」などの出願をしなくても「発明コンクール」に応募ができる

▽《出願をしなくても応募ができる》

メリットは、「特許願」などの出願をしなくても応募ができることです。また、形「製品」に結びついていない作品なら、他の「発明コンクール」に応募したものでも大丈夫です。

審査をするのは、協賛会社の社長さん、企画、開発の責任者です。

形「製品」に結びつきそうな作品を熱心に探しています。

……、だから、○○の作品が形「製品」に結びつくか、結論が出るのも早いです。

▽**《一枚の応募用紙に書くだけ》**

いままでのように、一人で苦労されて、作品を採用していただける会社を探して、何社にも、「売り込み（プレゼン）」をしなくてもいいのです。

指定の「**応募用紙 一枚**」書くだけです。すると、数十社の会社の社長さん、企画開発部の責任者の方が応募した書類をみてくれます。

▽**《内容の変更ができる》**

応募した書類は、一般に公開しません。入賞してから、形状や機能的な部分の内容を変更して、出願をしても、遅くはないのです。何万円もの節約ができます。

▽**《出願を急いではいけない》**

そのままでは、形「製品」に結びつかないのです。会社は、採用しても、売れないと困ります。それで、改良を加えます。だから、出願を急いではいけないのです。

私は、いつでも、あなたの作品が形「製品」に結びつくように応援しています。

▽**《「発明コンクール」について》**

詳しい資料が必要なときは、お手数かけますが、本書を読んだ、と書名を書いて、〒162－0055　東京都新宿区余丁町7番1号　一般社団法人 発明学会「発明コンクール」係中本繁実あて、「返信用（郵便番号・住所・氏名を書いた）の封書」、または、返信用に「あて名を印刷したシール」と、送料手数料として、84円切手×8枚を同封し、請求してください。応募用紙をプレゼントいたします。

3.「発明学校」で、「発明発表オーディション」の体験ができる

●各地で、町（個人）の発明家が集まって、「発明学校」が開校されている

これから、作品を考えようとしている人も、何か、作品をまとめている人も、一度は、「発明学校」に参加してみましょう。じかに「発明・アイデア」というものに触れることができます。

町（個人）の発明家にとっては、またとない、「発明・アイデア」の「実務教室」です。「発明道場」です。生きた「発明・アイデア」が体験できます。

Q.「発明学校（研究会）」の教室は、どういったところですか。

A. 生きた「発明・アイデア」の学習が体験できます。

毎月、一回、土曜日（または、日曜日など）に、各地で、町（個人）の発明家が集まって、「発明学校（研究会）」が開校されています。現在、全国50数カ所で開校されています。

誰でも参加できます。「発明学校」に参加すると、「発明・アイデア」のレベルがみちがえるほど高くなります。メンバーも大歓迎してくれます。

参加費（当日会費）は、一回、1，500円（一般　500円）くらいです。

Q. 私は、いま、「クリップを付けた眼鏡」を考えています。眼鏡を上着のポケットに入れたとき、落ちないようにしました。作品の大きさ（寸法）を決めて、「図面（説明図）」を描いて、手づくりの「試作品」ができたら、「発明学校」で、「発明発表オーディション」の体験をすればいいですね。

A. ぜひ、「発明学校」の会場で、発明発表オーディションの体験をしてください。
会社の社長、企画、開発の責任者の方も来ます。

みなさんが一番知りたい、「**市場性**」があるか、**形「製品」に結びつく方向性**などが確認できます。「発明学校」は、一口でいうと、幼稚園のように初歩の町（個人）の発明家が、楽しく、特許「技術（機能）的な発明」など、権利の取り方、活かし方などの学習ができる場です。

●「発明・アイデア」の「情報交換」ができる

「発明学校」が始まったのは、昭和28年の頃です。歴史がありますよ。

東京の品川、いまのソニーの本社の隣に愛知産業という小さな会社がありました。

そこの2階の畳の間に町（個人）の発明家が数人集まって、センベイをかじりながら「発明・アイデア」の情報交換をしていました。

それが、いつの間にか、定期的に、毎月、第一土曜日に、「発明学校」を開催するようになったのです。当時の会費は、30円だったそうです。それが、口コミで町（個人）の発明家の間に知れわたり、半年もすると、30人ぐらい集まるようになったそうです。

すると、今度は、新聞社の人が記事を書いてくれました。テレビやラジオ局の人が取材してくれました。その結果、またたく間に、50人近くの人が集まるようになりました。

そのうち、地方の人が東京に「発明学校」があると聞いて、わざわざ見学に来るようになりました。その様子をみて、世話好きな有志が集まって、各地に「発明学校」を開校していただいて、全国に広がっていったのです。

4. 東京都が後援している「東京発明学校」で、発明を育てよう

東京都が後援している「東京発明学校・校長　中本繁実（〒162-0055　東京都新宿区余丁町7番1号）」は、毎月、第三土曜日（13〜16時30分）に開校しています。

講義の内容や時間は、大体同じです。作品の発明発表オーディションが中心です。

講師の先生や集まった人たちが意見を交換しあいます。その作品を形「製品」に結びつけるために、積極的に協力しあう場「発明学校」になっています。作品は、毎回、10件の発表の申し込みがあります。その作品の発明者が順番に発表していきます。

次のような形で進行しています。

司会者…○○さんの作品の発表です。

「発明の名称」は、○○○○です。みなさん、聞いてください。

発表者…私は、スリッパを両方向から履けるように、スリッパを改良しました。たとえば、いままでは、トイレやベランダでスリッパに履き替えるとき、スリッパの向きをいちいち変えていました。そこで、スリッパの中央に鼻緒を２本、対角線状に付けました。すると、その「課題（問題）」を解決できました。……、こんなに便利になりました。

「説明図」

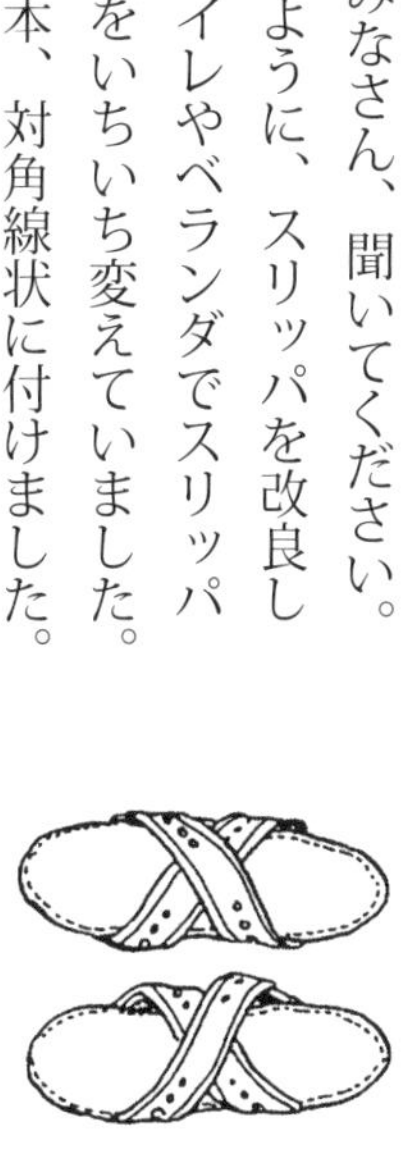

作品の発表は、こんな調子です。

発明者は、手づくりの「試作品」、図面（説明図）・写真をみて、作品のセールスポイントなどをＰＲします（その間、約３～４分です）。

司会者…いま、発表していただいた、両方向から履けるように改良したスリッパについて、何か、質問はありませんか。

参加者…私も、困っていました。……、試作品が上手で、とても感心しました。

参加者…うまい案だ、と思います。ところが、この形（物品の形状）では、スリッパの長さのバランスが悪いです。歩きづらいので、使いやすさの面で問題があります。

司会者…講師の方にお伺いしますが、両方向から履けるように改良したスリッパは、いかがでしょう。特許などの権利がとれるでしょうか（!?）

講　師…機能的な形（物品の形状）がポイントです。だから、特許の権利がとれるでしょう。

……、などのやりとりが行なわれます。

そのやりとりを聞いているだけで、生きた「発明・アイデア」の学習ができます。

こうして、今日の発表が全部終了します。以上が発明発表オーディションの様子です。

司会者…今日、発表した作品の中で、形「製品」に結びつくと思う作品に投票してください。

みんなで、投票用紙に番号を書いて、投票します。そして、一番票数が多かった人に、楯（または、トロフィー）と「**トップ賞**」の賞状、「**審査員特別賞**」の賞状が贈られます。

●「東京発明学校・一般社団法人 発明学会（会員組織）」場所のご案内

▽《**最寄り駅**》

「東京発明学校（東京都後援）」の最寄り駅は、「**都営大江戸線（地下鉄）・若松河田駅**」です。

ＪＲなどの「**新宿駅**」で、乗り換えは、「**新宿西口駅**」をご利用ください。

「**新宿西口駅**」から、２つ目の駅（「新宿西口駅」→「東新宿」→「**若松河田駅**」）です。

▽《**若松河田駅・「河田口（地上出口）」**》

「若松河田駅」の改札口を出た、真正面に案内用の地図があります。

その地図に「一般社団法人 発明学会」の場所が表示されています。

「河田口（地上出口）」を出て、「職安通り」を左側方向へ歩いてください。

①最初の目標は「河田口」を出て、左側にみえる「**交番**」です。

②その次の目標は、そのまま歩道を２００ｍくらい歩いてください。左側に「**毎日新聞の販売所**」があります。道路をはさんで、右側には「**余丁町**（よちょうまち）**小学校**」がみえます。

③「**毎日新聞の販売所**」の角を「**左折**」してください。一方通行の細い道です。

④10ｍくらい歩いてください。そこを、「**右折**」してください。ここも細い道です。

⑤そこから、200mくらい歩いてください。右側の5階建ての黒っぽいビルが「**一般社団法人 発明学会（会員組織）**」です。教室は3Fホールになります。「**若松河田駅**」の河田口（地上出口）から**徒歩約5分**です。

詳しくは、「発明学校」の資料をごらんください。

▽**《「東京発明学校」》**

資料が必要なときは、お手数かけますが、本書を読んだ、と書名を書いて、〒162－0055　東京都新宿区余丁町7番1号　一般社団法人 発明学会「東京発明学校」係　中本繁実あて、「返信用（住所・氏名を書いた）の封書」、または、返信用に「あて名を印刷したシール」と、送料手数料として、84円切手×8枚を同封し、請求してください。一言、本の感想を書いていただけると嬉しいです。

「東京発明学校」の発表用紙の書き方、発表の仕方の説明書をプレゼントいたします。

他にも、プレゼント準備しています。お楽しみに、……。

★元気になれるコメント

心を豊かにして、笑顔で前を向いて歩きましょう。

□テーマ「科目」を決めて、□作品の大きさ（寸法）を決めて、図面（説明図）を描いて、

□手づくりの試作品ができたら、□「目標」の第一志望、第二志望の会社に、積極的に売り込み（プレゼン）の体験をしましょう。

次は、「特許願」などの「出願の書類」にまとめましょう。

「売り込み（プレゼン）」をするためにまとめた、その内容がそのまま使えます。

書類を書く時間がない、のではなく、積極的に時間を作りましょう。

5．○○の作品は「優秀！」、だから、自分で育てよう

●「○○の作品」自分で育てよう

○○の作品は、優秀なのに、自分で育てようとしない人もいます。

たとえば、こんな感じです。

○○の作品を形「製品」に結びつけるほうは、先生に一切お任せします。お願いします。

□「**契約金**」**は、10万〜50万円くらいで**、□「**ロイヤリティ（特許の実施料）**」**は、**2〜5％くらいで結構です。……、というのです。まったく虫のいい話です。

この子「○○の作品」は、○○年○月○日、私が生みました。

とても優秀な子です。だから、育てるほうは、先生に一切お任せします。お願いします。学校を卒業して、就職して、月給がいただけるようになったら、お金「ロイヤリティ（特許の実施料）」は、○○銀行○○支店の私の口座○○○○に、振り込んでください。……、少しはお礼をします。……というのです。それと同じです。

私は、たしかに作品の育て方は教えています。

……、だけど、一度に、何人も、何十人も育てることはできません。

このように、人任せにする作品は、よほどのものでない限り、世の中にデビューは、できません。

●「売り込み（プレゼン）」は、作品のポイントだけを説明しよう

町（個人）の発明家は、自分の作品に関して、豊富な経験や知識、得意な分野の技術をもっています。……、だから、つい詳しく説明したくなります。

▽《詳しく説明すればするほど、相手に、複雑な感じを与えてしまう》

相手は使う人です。技術者ではないのです。

その作品の価値を認めない。……、というのではないのです。

作品のむずかしさに、嫌気がさして、買わないからです。だから、作品の素晴らしさを強調

し、使い方については、ポイントだけ、説明をしましょう。

▽《**会社が採用して、得る利益は何か**》会社の担当者が、あなたの作品に対して、求める最大の目的は、会社が採用して、**得る利益は何か**、ということです。

その点を集中して説明してください。そのとき、担当者の反応を確認することです。

とにかく、わかりやすく書くことがポイントです。

ラブレターでも、プロポーズにしても、正直、細かに複雑化してしまったら、うまくいきませんよ。プロポーズには、美味しい料理と音楽、それに、愛しています。結婚してください。……、の優しい言葉が大切です。

たとえば、長々と懇願したあとで、あなたは、僕と結婚すると、○○ビルや○○ドームの何杯分もの洗濯をすることになります。

それでも、一緒になってください。……、とそんなことといったら、即「ＮＯ」ですよ。

6.「手紙」で「売り込み（プレゼン）」ができる

●「目標」の第一志望、第二志望の会社に「売り込み（プレゼン）」をする

□思いつきの作品からスタートして、形「製品」に結びつくには、「目標」の設定が必要です。

□計画して行動することです。計画は、「目標」の第一志望、第二志望の会社を決めることです。

□行動は「手紙」を書いて、「目標」の第一志望、第二志望の会社に「売り込み（プレゼン）」をすることです。

簡単にできることです。お手伝いしますよ。

★元気になれるコメント

どうかな、と思うより、必ずやろう。……、と思うことが大切です。

「売り込み（プレゼン）」をした会社のことが信じられない、ではなく、信じましょう。

あらゆる機会をとらえて、作品のPRをするのです。

●「売り込み（プレゼン）」をして、○○の作品を形「製品」に結びつけよう

もう少しで、○○の作品は、形「製品」に結びつきます。自分自身の手で、「目標」を実現

させましょう。○○の作品を現金化しましょう。
そして、○○の作品、契約ができました。……といった嬉しいお便りを待っています。
一緒にお祝いしましょう。

●「売り込み（プレゼン）」に力を入れて、あなたの思いを伝えよう

Q．輪切りにしたレモンを絞るとき、手が汚れてしまいます。

□そこで、私は、うまく絞れるように、円形の袋状の「レモン絞り」を考えました。
□「レモン絞り」の先行技術（先願）も調べました。
□形「製品」に結びつけていただきたい、「目標」の第一志望、第二志望の会社は、決めています。
□会社の事業の内容も調べました。
□「傾向と対策」も練りました。
□大きさ（寸法）を決めて、図面（説明図）を描いて、手づくりで試作品を作り、使いやすくなっ

「説明図」

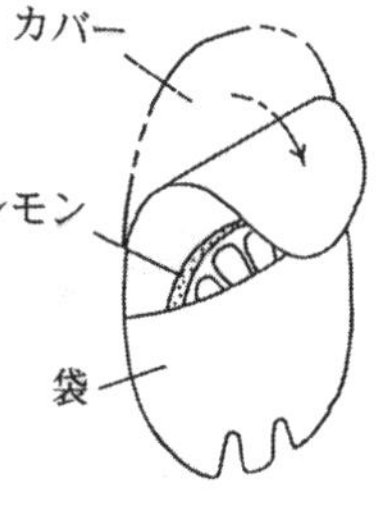

たか、「発明の効果」も確認しました。
□作品「レモン絞り」の内容を書類にまとめました。
この「レモン絞り」を形「製品」に結びつけたいです。

だけど、形「製品」に結びつくのは、作品を思いつくこと、出願をすることの何倍もむずかしいと聞いています。

先生、……、次は、どうすればいいのですか。

A．今度は、形「製品」に結びつくように、「目標」の第一志望、第二志望の会社の「売り込み（プレゼン）」に力を入れてください。
真剣に作品を育ててください。全力投球してください。

そうすれば、作品「**レモン絞り**」は、世の中にデビューできます。
▽**《子育てと同じことだ》**
それは、ちょうど生まれた子どもに、母親が、己を忘れて、乳を飲ませ、おむつを替え、衣類を加減してやるような子育てと同じです。

たとえば、子育て中の母親が育児の本を熱心に読んでいる姿は、まことに尊いものです。

子育ては、心身を使わなければいけないのです。
母親は、子どもに全エネルギーをかけて育てます。
だからこそ、子どもは、いい子に育ち、世の中に出ていけるのです。

7．すぐに使える「手紙」の書き方《文例》

○○○○株式会社
社外アイデア　企画開発担当者 様
「手紙」をみていただきましてありがとうございます。
拝啓
貴社ますますご隆盛のこととお喜び申し上げます。
いつも、御社の製品「○○○○」を愛用させていただいております。その便利さに感謝しております。
さて、今回、○○の作品を考えました。

○○の作品が形「製品」に結びつくか、ご批評をお願いしたく「手紙」を書きました。
内容を簡単に説明させていただきます。
○○の作品は、…………………（内容をわかりやすく書いてください）…………………………
……………………………………………………………………………。

すでに、□大きさ（寸法）を決めました。□図面（説明図）を描きました。□手づくりで試作品を作りました。そして、何カ月も使っています。

図面（説明図）・写真を同封いたします。ごらんください。

「手紙（説明書）」、「図面（説明図）」をみていただく、余計な時間をとっていただいて恐縮ですが、企画開発部の方で、ご検討お願いいたします。

形「製品」に結びつけるのがむずかしそうでしたら、今後の方向性など、プロのご助言、ご指示などいただけましたら幸いです。

担当者の方に、直接、電話をかけたり、ご迷惑をかけるようなことはしません。

ご無理なお願いをして恐縮ですが、今後、作品を作るとき、いい勉強になりますのでよろしくご指導お願いいたします。

まずはお願いまで
敬具

【図面（説明図）・写真】

郵便番号・住所（フリガナ）
氏名（フリガナ）　　　　　　（　歳）
TEL　　　　FAX　　　　E-mail
簡単な自己紹介を書くと効果的です。
出身地、趣味、得意な分野などを書くだけでもいいと思います。
「経験値」や「得意技」をPRしてください。
担当者も返事がしやすいと思います。

最後までご一読いただきましてありがとうございました。
心から感謝いたします。

「手紙」の書き方は、だいたい以上のような形式です。参考にしてまとめてください。

★

「手紙」と一緒に「郵便番号・住所、氏名を書いた（返信用の切手を貼付した）封筒」、または、「あて名を印刷したシール」を入れておくと様子が早くわかります。

返事もしやすいです。会社の担当者が気に入れば、すぐに返事がきます。

あとは、その返事の内容によって行動してください。

▽《斜視図の描き方・参考図書》

「手紙」に付ける図面（説明図）は、写真のように一目でわかるので、斜視図「立体図」が一番です。普通の製図（平面的な図面）では、図面がわかりにくいからです。もし、あなたが斜視図の描き方を知っていれば、斜視図で表現してください。

作品のポイントが一目でわかります。だから、効果的です。

斜視図を描くための参考図書は、拙著『3D「立体図」作画の基礎知識』（日本地域社会研究所刊）、『3D「立体図」は伝えるチカラになる—製図の知識がなくても「立体図」は描ける』（同）などがあります。

▽《まとめ》

「**契約**」おめでとうございます。

お祝い、一緒にしましょう。

ここまで、応援していただいた人に心から感謝しましょう。

あとがき〔筆者から贈る大事なお便り〕

●お金「ロイヤリティ（特許の実施料）」にかえられない楽しさ「発明道」

本書を読んでいただきまして、ありがとうございました。「参考書」に選んでいただきまして、とても嬉しいです。本書で、いままで、何とも思っていなかった、小さな思いつき、というものが非常に大切だ、ということがわかっていただけたと思います。

多くの人が、毎日、何か、思いついています。それは、ほんのチョッとしたことです。そして、素敵な笑顔になっています。

▽《私（中本）がお手伝い》

いまから、それを前向きに実行していただきたいのです。簡単なことです。私（中本）がお手伝いいたします。すると、大きな結果につながります。……、そこで、どんなに小さな思いつきでも、それをもとにして、もう一つ深い思いつきをたずね、それを、さらに、前向きに実行することによって、もっと役に立つ、思いつきにつながります。

▽**《どうすれば、人様に役に立つ、思いつきになるか》**

すると、最初は、**お金「ロイヤリティ（特許の実施料）」**に結びつけよう。……、と、欲から入っていきます。ところが、前向きに実行しているうちに、だんだん面白くなってきます。

すると、損得を計算しなくなります。

それよりも、どうすれば、人様に役に立つ、思いつきになるか、と、けんめいに考えるようになるからです。

それから、次のステップの内容のことを実行してください。

そして、作品を完成させましょう。

□先行技術（先願）を調べます。

□作品の大きさ（寸法）を決めて、図面（説明図）を描きます。

□材料を買って、手づくりで「試作品」を作ります。

□テスト（実験）をします。
□本当にうまくいくか、積極的に試してみます。
□不具合なところは、もっと便利だ、といっていただけるように改良を加えましょう。
そういうとき、月給が安いことも、地位がひくいことも忘れて、カッカとなって夢中で考えるものです。そのときの楽しさ、そのときの生きがい、これは、お金ではかえられない楽しさです。それを「**発明道**」といいます。

だから、その思いつきが形「製品」に結びつかなくても、その真実一路をつっぱしることは、その人の修業としても、もっと尊いことです。それによって、人間がみがかれます。

その結果、ひとまわり大きな人物になれるのです。

しかも、一人残らず思いつきの過程では、大きな夢を描いています。

それは、先輩がしめした事実が潜在意識として、あなたの中にあるからです。

▽《思いつきは、若返りの妙薬》

人間がもっている、立腹や不平、不満、心配などのあらゆる不快なできごとが、その夢のために消えていきます。だからこそ、町（個人）の発明家は、10％も、15％も、若くみえるのです。**思いつきは、若返りの妙薬**といえます。

●「発明貧乏」、「出願貧乏」にならない方法

ここで、注意していただきたいことがあります。それは、お金のことです。いつも、「ロイヤリティ（特許の実施料）」のことを頭に描いてはいけない。……、ということです。

目の前に、1万円札がチラチラするような、欲が先になってはいけないのです。「発明貧乏」、「出願貧乏」にならない方法です。欲が先にくると、決して思いつきは、形「製品」に結びつきません。それは、欲が先にたっているからです。

それでも、「発明学校」に入学した多くの人が、一日も早く、特許庁（〒100－8915　東京都千代田区霞が関3－4－3）に出願をしたい、と思うものです。

▽**《お金を使っても、形「製品」に結びつくパスポートは、誰も発行してくれない》**

欲深が目の前にちらつくと、近い将来、50万円、100万円くらいは、お金「ロイ

ヤリティ（特許の実施料）」が入ってきます。だから、いま、30万円、50万円くらいは使っても大丈夫です。……、といって、すぐに、出願をプロに頼む人もいます。

ところが、出願をしてみると、すでに、先行技術（先願）があるケースが多いようです。

それを知らないで、みすみす大切なお金をムダ遣いしているケースもあります。

そのため、出願をする前に相談するほうが出願料の節約になって得策です。

それが、タダの頭と手と足を使って、お金を使わないで形「製品」に結びつける基本です。

「試作代」、「先行技術（先願）の調査料」、「出願料」などの費用をたくさん使ったからといっても、誰も、**形「製品」に結びつくパスポート**は、発行していただけませんよ。

だから、**○○の作品は、特許出願中「PAT・P」です**。……、と書いて○○の作品を「目標」の第一志望、第二志望の会社に、手紙で売り込み（プレゼン）をすることです。

形「製品」に結びつきそうな可能性があれば、会社から、返事は早いです。

ここで、悩んでばかりいてはいけません。信頼することが大切です。

▽《とりあえず、その内容の事実を残しておく》

○○の作品を盗用されたらどうしよう。……、と心配な方は、いつ、○○の作品を考えたのか、作品のセールスポイントや図面（説明図）、形「製品」に結びついたときのイメージ図などを描いて、とりあえず、その内容の事実を残しておくのです。たとえば、「公証役場」も利用できます。「郵便切手の日付の消印」を利用するのもいいでしょう。

▽《形「製品」に結びつく、ステップがある》

○○の作品が形「製品」に結びつくまでは、学校と同じです。小学生、中学生のように、学習のステップがあります。作品の完成度を高めることです。

「発明・アイデア」の学習をスタートして、すぐに、素晴らしいゴールがあるわけではありません。一般的には、簡単な「企画書」を作ることからスタートします。

次は、特許「技術（機能）的な発明」などに出願をするのです。企業で新しい製品を作るときも、町（個人）の発明家でも、このステップはだいたい同じです。

▽《**「発明学校」**》

思いつきを楽しんで、○○の作品を形「製品」に結びつけよう。……、と思っている人は、「発明学校」に出席してください。そして、お友達をつくってください。人が大勢いるところに出席するのが苦手な人は、私（中本）に手紙で、「一回（一件）・体験相談」してください。

▽《**一回（一件）・体験相談」**》

本書を読んでいただいて、形「製品」に結びつくように「発明・アイデア」の学習をしたい、という積極的な方には、私は喜んで、一般社団法人 発明学会で、お会いする時間を作りたい。……、と思っています。

○○はできない。……、のではなく、○○はできる。……、と思うことが大切です。

そこで、私に、「一回（一件）・体験相談」面接（予約が必要）」を希望されるときは、相談にこられる前に、あなたの作品に関連した「情報」を集めることです。

「**特許願**」の書類も一気にまとめることができます。データをUSBメモリーに保存しておいてください。「**特許願**」の書類にまとめた、そのデータを、相談のときに持参してください。

そして、できれば、「**一回（一件）・体験相談**」は、出願をする前にお願いします。

それは、「情報」が少ないまま、出願をしてしまうと、あとで、内容の追加も、変更もできないからです。

人を信じて、相談をしながら、作品をまとめることは、とても大切です、
そうすれば、「**発明貧乏**」、「**出願貧乏**」には、ならないでしょう。

たとえば、デートの回数が少なくて、いいですか。

相手の方の本当の気持ち、確認しましたか。……、結婚してから、こんなはずじゃなかったのになあー、といわれても、私も困ります。

●私（中本）が、あなたの作品を拝見しましょう

私は、長年、多くの町（個人）の発明家に成功ノウハウを教えてきました。指導の実績も豊富です。それをもとに読者のみなさんが短期間で、○○の作品を形「製品」に結びつくように、そして、**目標**の第一志望、第二志望の会社に「売り込み（プレゼン）」

の仕方、手紙の書き方などのアドバイスをさせてください。あなたの○○の作品が特許になるのか、などを教授させてください。書き方の形式のチェック、お手伝いいたします。

次は、あなたの○○の作品の「現金化」です。

「売り込み（プレゼン）」、契約のお手伝いいたします。

お手数かけて申し訳がない。……、といって、その地方の名産を送っていただける方もいます。ありがとうございます。

私は、長崎県西海市大瀬戸町出身です。洒落も、お酒も大好きです。

わからないことがあったら、気軽に相談してください。

事務的に処理しませんよ。親身になって、○○の作品を「現金化」できるように、お手伝いいたします。あなたと同じ立場になって応援します。

本書を読んだ、と、この本の書名を書いて「明細書（説明書）」と「図面（説明図）」をお送りください。一言、本の感想も添えていただけると嬉しいです。

形式は、「特許願」の形式でお願いいたします。

下書きで大丈夫です。書類のまとめ、お手伝いいたします。

用紙は、Ａ４サイズ（横21㎝、縦29・７㎝）の大きさの白紙を使用し、ワープロ（Ｗｏｒｄ）、または、丁寧な字で書いて、原稿は、必ず写し（コピー）を送ってください。

「返信用（返信切手を貼付、郵便番号・住所、氏名を書いてください）の定形外の封筒」、または、「あて名を印刷したシール」も一緒に送ってください。

「一回（一件）・体験相談」の諸費用は、返信用とは別に、一件、84円切手×８枚です。

これは読者のみなさんへのサービスです。

〒１６２－００５５　東京都新宿区余丁町7番1号
一般社団法人　発明学会　気付　中本繁実あて、「一回（一件）・体験相談」在中

著者略歴

中本繁実（なかもと・しげみ）

1953 年（昭和 28 年）長崎県西海市大瀬戸町生まれ。

長崎工業高校卒、工学院大学工学部卒。1979 年社団法人発明学会に入社し、現在は、会長。発明配達人として、講演、著作、テレビなどで「わかりやすい知的財産権の取り方・生かし方」、「わかりやすい特許出願書類の書き方」など、発明を企業に結びつけて製品化するための指導を行なっている。初心者のかくれたアイデアを引き出し、たくみな図解力、軽妙洒脱な話力により、知的財産立国を目指す日本の発明最前線で活躍中。わかりやすい解説には定評がある。

座をなごませる進行役として、恋愛などのたとえばなし、言葉遊び（ダジャレ）を多用し、学生、受講生の意欲をたくみに引き出す講師（教師）として活躍している。洒落も、お酒も大好き。数多くの個人発明家に、成功ノウハウを伝授。発明・アイデアの指導の実績も豊富。

東京発明学校校長、家では、非常勤お父さん。

著作家、出版プロデューサー、１級テクニカルイラストレーション技能士、職業訓練指導員。

著書に「発明・アイデアの楽しみ方」（中央経済社）、「はじめて学ぶ知的財産権」（工学図書）、「発明に恋して一攫千金」（はまの出版）、「発明のすすめ」（勉誠出版）、「これでわかる立体図の描き方」（パワー社）、「誰にでもなれる発明お金持ち入門」（実業之日本社）、「はじめの一歩　一人で特許（実用新案・意匠・商標）の手続きをするならこの１冊　改訂版」（自由国民社）、「特許出願かんたん教科書」（中央経済社）、「発明で一攫千金」(宝島社)、「発明・特許への招待」、「やさしい発明ビジネス入門」、「まねされない地域・企業のブランド戦略」、「発明魂」、「知的財産権は誰でもとれる」、「環境衛生工学の実践」、「発明！ヒット商品の開発」、「企業が求める発明・アイデアがよくわかる本」、「こうすれば発明・アイデアで一攫千金も夢じゃない！」、「おうち時間楽しく過ごしてお金を稼ごう！」（以上、日本地域社会研究所）など多数。

監修に「面白いほどよくわかる発明の世界史」（日本文芸社）、「売れるネーミングの商標出願法」「誰でも、上手にイラストが描ける！基礎のコツ」（日本地域社会研究所）」などがある。

監修／テキストの執筆に、がくぶん「アイデア商品開発講座（通信教育）」テキスト６冊がある。

モノづくり・発明家《はつめいか》の仕事《しごと》

2023年6月18日　第1刷発行

著　者　中本繁実《なかもとしげみ》
発行者　落合英秋
発行所　株式会社 日本地域社会研究所
〒167-0043　東京都杉並区上荻1-25-1
TEL　(03) 5397-1231 (代表)
FAX　(03) 5397-1237
メールアドレス　tps@n-chiken.com
ホームページ　http://www.n-chiken.com
郵便振替口座　00150-1-41143
印刷所　中央精版印刷株式会社

ISBN978-4-89022-300-8

日本地域社会研究所の好評図書

三浦清一郎・森本精造・大島まな共著…共働き家庭が増え放課後教育の充実が望まれているのに、学校との連携が組織上不可能で進まないのが現状だ。健全な保育機能と教育機能の融合・充実をめざし、組織の垣根をこえた飯塚市の先進事例を紹介。

子どもに豊かな放課後を　学童保育と学校をつなぐ飯塚市の挑戦

46判133頁／1400円

奥崎喜久著…過疎化への対策は遅れている。現状を打破するための行政と住民の役割は何か。各地で人口減少にストップをかけてきた実践者ならではの具体的な提案を紹介。過疎地に人を呼び込むための秘策や人口増につなげた成功事例も。

地方創生のヒント集　「過疎の地域」から「希望の地」へ　新時代の地域づくり

46判132頁／1500円

黒川康徳著…石門心学の祖として歴史の一ページを飾った江戸中期の思想家・石田梅岩。今なお多くの名経営者が信奉する。勤勉や正直、節約などをわかりやすく説き、当時の商人や町人を導いたという梅岩の思想を明日への提言を交えて解説。

新時代の石門心学　今こそ石田梅岩に学ぶ！

46判283頁／2000円

久恒啓一編著…366の人生から取りだした幸せを呼ぶ一日一訓は、現代人の生きる指針となる。平成の著名人が遺した珠玉の名言・金言集に生き方を学び、人生に目的とやりがいを見出すことのできるいつもそばに置いておきたい座右の書！

平成時代の366名言集　～歴史に残したい人生が豊かになる一日一言～

46判667頁／3950円

大澤史伸著…キリスト教会の表現するイエス像ではなく、人間としてのイエスという視点で時代を読み解く！　イエスが見た現実、その中で彼はどのような福祉実践を行なったのか。人間としてのイエスは時代をどう生き抜いたかをわかりやすく解説。

聖書に学ぶ！　人間福祉の実践　現代に問いかけるイエス

46判132頁／1680円

八木哲郎著…国や軍部の思惑、大きな時代のうねりの中で、世界は戦争へと突き進んでいく。高遠家と中国・天津から来日した中国人留学生。時代に流されず懸命に生きた人びとの姿を描いた実録小説。

中国と日本に生きた高遠家の人びと　戦争に翻弄されながらも懸命に生きた家族の物語

46判315頁／2000円

日本地域社会研究所の好評図書

知識・知恵・素敵なアイデアをお金にする教科書
億万長者も夢じゃない！

中本繁実著…あなたのアイデアが莫大な利益を生むかも……。発想法、作品の作り方、アイデアを保護する知的財産権の取り方までをやさしく解説。発明・アイデア・特許に関する疑問の答えがここにある。

46判180頁／1680円

AI新時代を生き抜くコミュニケーション術

大村亮介編著…世の中のAI化がすすむ今、営業・接客などの販売職、管理職をはじめ、学校や地域の活動など、さまざまな場所で役に立つコミュニケーション術をわかりやすく解説したテキストにもなる1冊。

46判157頁／1500円

誰でも発明家になれる！
できることをコツコツ積み重ねれば道は開く

中本繁実著…自分のアイデアやひらめきが発明品として認められ、製品になったら、それは最高なことである。誰にでも可能性は無限にある。発想力、創造力を磨いて、道をひらくための指南書。

46判216頁／1680円

人生遅咲きの時代　ニッポン長寿者列伝

久恒啓一編著…人生後半からひときわ輝きを放った81人の生き様は、新時代を生きる私たちに勇気を与えてくれる。長寿者から学ぶ「人生100年時代」の生き方読本。

46判246頁／2100円

現代医療の不都合な実態に迫る
患者本位の医療を確立するために

金屋隼斗著…高騰する医療費。競合する医療業界。増加する健康被害。国民の思いに寄り添えない医療の現実に正面から向き合い、現代医療の問題点を洗い出した渾身の書！

46判181頁／1500円

体験者が語る前立腺がんは怖くない

前立腺がん患者会編・中川恵一監修…ある日、突然、前立腺がんの宣告。頭に浮かぶのは仕事や家族のこと、そして治療法や治療費のこと。前立腺がんを働きながら治した普通の人たちの記録。

46判158頁／1280円

※表示価格はすべて本体価格です。別途、消費税が加算されます。